Equilibrio
natural
para el
cuerpo
de la mujer

JANET MACCARO, PhD, CNC

CASA
CREACIÓN
A STRANG COMPANY

La mayoría de los productos de Casa Creación están disponibles a un precio con descuento en cantidades de mayoreo para promociones de ventas, ofertas especiales, levantar fondos y atender necesidades educativas. Para más información, escriba a Casa Creación, 600 Rinehart Road, Lake Mary, Florida, 32746; o llame al teléfono (407) 333-7117 en Estados Unidos.

Equilibrio natural para el cuerpo de la mujer por Janet Maccaro, PhD, CNC
Publicado por Casa Creación
Una compañía de Strang Communications
600 Rinehart Road
Lake Mary, Florida 32746
www.casacreacion.com

Originally published in English under the title:
A WOMAN'S BODY BALANCED BY NATURE
Copyright © 2006 by Janet Maccaro, PhD, CNC
Published by Siloam, A Strang Company,
Lake Mary, FL 32746

Traducido por Carolina Laura Graciosi, María Mercedes Pérez
y María del Carmen Fabbri Rojas
Diseño interior por: Hilda M. Robles

Library of Congress Control Number: 2007921401
ISBN: 978-1-59979-039-8

Equilibrio.

¿Por qué nos elude? ¿Pueden las mujeres hacer malabarismos en sus vidas con la misma pericia de un artista de circo sin sacrificar su estado de salud presente y futuro? La respuesta es sí, siempre y cuando entiendan que para hacer malabarismo con éxito se requiere equilibrio.

Este cuerpo de trabajo está dedicado a las madres, hijas, hermanas y amigas que entienden que la vida es un *acto de equilibrio* continuo. Cuando una mujer equilibra su vida, tiene un efecto equilibrante en las vidas de todas las mujeres que conoce y ama.

¡La clave para una *SALUD RADIANTE* está en el *EQUILIBRIO*!

RECONOCIMIENTO

Un especial agradecimiento a Barbara Dycus, mi editora, abogada y amiga durante la creación de *Equilibrio natural para el cuerpo de la mujer.*

CONTENIDO

En la naturaleza existe un equilibrio natural tan delicada e intrincadamente interdependiente que está más allá de nuestra comprensión. Pero cuando dicho equilibrio se pierde, el resultado se ve inmediatamente. A medida que las lluvias disminuyen, las plantas acuáticas mueren debido a los bajos niveles de agua, los peces mueren por la oxigenación pobre, los animales que viven a orillas del agua se van o mueren de hambre, y la población de insectos se incrementa a medida que los pájaros y otros comederos naturales abandonan el ecosistema. Esto mismo se aplica al cuerpo de la mujer. Una vez que se pierde el equilibrio, su calidad de vida nunca es la misma. Deja de florecer, y sus sueños de salud radiante y abundante son reemplazados por fatiga, falta de claridad mental, ansiedad, depresión y enfermedad degenerativa.

Por casi veinte años busqué recuperar mi equilibrio, y que todos los sistemas de mi cuerpo funcionaran vigorosa y armoniosamente. Sufría de candidosis sistémica, virus de Epstein-Barr, fiebre reumática, prolapso de válvula mitral, soplo cardiaco, baja azúcar en sangre, infecciones por estreptococos, endometriosis que tuvo como resultado una histerectomía, asma, y devastadores ataques de pánico. Para hallar el equilibrio necesitaba tratar las necesidades fundamentales de mi cuerpo, mi mente y mi espíritu.

Yo lo comparo con renovar el agua de una laguna, lo que traerá nuevamente la vegetación... lo que traerá de nuevo los peces... lo que traerá nuevamente la vida salvaje: todos están equilibrados intrincadamente, todos dependen unos de otros para desarrollarse y crecer con fuerza. Una vez que mi cuerpo alcanzó el equilibrio, me sentí en armonía con toda la creación de Dios, vigorosa, productiva, una participante activa, tratando de llegar a otras mujeres atrapadas en un cuerpo fuera de equilibrio.

El propósito de este libro es ofrecerle consejos prácticos basados en mi travesía personal desde veinte años de enfermedad crónica a una salud radiante, al igual que investigación sobre alternativas no tóxicas para tratar problemas de salud que las mujeres enfrentan a lo largo de sus vidas, desde que nacen hasta que mueren. Le ofrezco alternativas naturales, herbales y holísticas para equilibrar su cuerpo, mente y espíritu, y así prevenir la enfermedad.

Es una labor de amor y un tema que está muy próximo a mi corazón. Como mujer, sé que soy parte de una familia de mujeres cuyo número es inconmensurable. Las elecciones respecto a nuestra salud que tomemos como resultado de decisiones bien estudiadas, afectarán la salud y el bienestar de las generaciones de mujeres que siguen. Siento una inmensa responsabilidad de informar, educar, compartir, y equiparla a usted con las herramientas necesarias para vivir su vida al máximo –ahora.

Este libro es la culminación del trabajo de toda una vida. Echa una mirada a la forma en que una mujer –cada mujer– puede alcanzar el equilibrio total en su cuerpo física, emocional y espiritualmente. Como este libro brinda una mirada a la salud completa de la mujer, he adaptado partes de mis libros anteriores, cada uno de los cuales cubría áreas específicas de la salud de una mujer. Este libro se propone ser interactivo, porque creo que cuando las mujeres participan en su bienestar, recuperan el equilibrio más rápidamente. Encontrará encuestas y evaluaciones sobre salud, además de protocolos naturales e instrucción sobre cuestiones de salud comunes a todas las mujeres.

Considere este libro como su manual personal del propietario, escrito específicamente para su cuerpo, lleno de consejos prácticos para la salud hormonal, la belleza, el control de peso, la ansiedad, la depresión, problemas de relaciones, y todo aquello que nosotras como mujeres enfrentemos en esta vida.

Se ha dicho que cada mujer que es sanada ayuda a sanar a todas las mujeres que vinieron antes de ella y todas las que vendrán después.[1] Cuando una mujer trae equilibrio a su vida física, emocional y espiritualmente, literalmente fertiliza y renueva el suelo del que nacerán futuras generaciones de mujeres. Una mujer que ha alcanzado el equilibrio es libre de ansiedad, depresión preocupación y males físicos. Vuelve el sueño, la vitalidad abunda, y a todos enriquece con su sabiduría y capacidad para hacer frente a las tormentas de la vida con gracia y dignidad.

Una mujer equilibrada es un tesoro digno de contemplar. Su belleza trasciende lo físico. Su fuerza y perspicacia resplandecen como un faro para los demás. Su cuerpo, mente y espíritu funcionan en conjunto. Vive con salud abundante y divina.

Una mujer equilibrada da y alimenta incondicionalmente, pero al mismo tiempo, sabe que ese amor que da tan libremente ella necesita recibirlo también. Sabe que es digna de amor y cuidado. Este cuerpo de trabajo fue escrito especialmente para mujeres dispuestas a brindarse ese amor y cuidado. El cuerpo de una mujer, cuando está en equilibrio, ¡le permite ser la expresión plena de lo que Dios dispuso que fuera! Hallar el equilibrio vale la pena el esfuerzo. ¡Usted lo vale!

CÓMO USAR ESTE LIBRO

Comenzará este libro en el capítulo uno completando importantes autoevaluaciones relacionadas con su salud para mostrarle cómo su estilo de vida presente afecta su actual estado de salud. Luego la instruiré sobre los sistemas que ayudan a que el cuerpo de una mujer funcione de manera equilibrada. Nuestro objetivo en este primer capítulo es ayudarla a conocer su cuerpo: sus necesidades físicas, emocionales y espirituales. ¿Dónde están sus puntos fuertes y débiles? ¿Dónde necesita fortalecerse su cuerpo? ¿Qué relaciones de su vida son saludables? ¿Y cuáles la están agotando y haciendo envejecer más rápido de lo necesario?

Una vez que se haya instruido en los por qué y los cómo de su actual estado de desequilibrio y se haya armado de un plan de acción para trabajar, pasaremos a descubrir todos los ingredientes necesarios para una vida equilibrada y vigorosa hoy. Los capítulos dos al once contienen diez factores esenciales para equilibrar su cuerpo, mente y espíritu. Estas claves incluyen:

LAS CLAVES PARA EL EQUILIBRIO

- → *Nutrición de la mujer:* establecer el equilibrio nutricional
- → *Suplementos nutricionales:* entender las vitaminas y suplementos importantes para el equilibrio
- → *Control de peso:* aprender a controlar su peso
- → *Ejercicio:* reconocer el rol del ejercicio para el equilibrio mental, emocional y espiritual
- → *Sueño:* descubrir los efectos recuperativos del sueño
- → *Belleza:* hallar la verdadera belleza –naturalmente
- → *Antienvejecimiento:* aprender importantes protocolos antienvejecimiento
- → *Hormonas:* acomodar las piezas del equilibrio hormonal
- → *Estrés:* reducir el estrés que le roba el equilibrio
- → *Relaciones:* descubrir el poder de las relaciones positivas en su vida

A medida que aprenda a usar estos diez factores importantes para el equilibrio, comenzará a preparar su cuerpo para un equilibrio físico, mental y espiritual para toda la vida. Una vez que esté equipada con esta información, estará lista para enfrentar el desequilibrio que le ha estado robando su salud radiante.

Se ha dicho que "el mundo es como un escenario", y creo que la naturaleza nos sirve de "telón de fondo". Al igual que todo en la naturaleza, cada una de nosotras tiene un papel en esta obra que llamamos *vida*. Para actuar bien su papel, *debe organizarse*. Aquí es donde entra en escena el equilibrio. La clave para una gran actuación en la vida es lograr el equilibrio: cuerpo, mente y espíritu.

Permítame felicitarla por dar el primer paso para equilibrar su cuerpo de forma natural. ¡Ha apartado tiempo para USTED! ¡Eso es algo muy bueno!

Si usted es una mujer que sufre de desequilibrios en su sistema, se le hace difícil alcanzar verdaderamente su potencial divino. Si no lo trata, eso puede ser una causa de frustración y depresión. El cuerpo de una mujer está delicadamente equilibrado. Aún los desequilibrios leves pueden producir un serio impacto en su calidad de vida diaria.

En un esfuerzo por llegar a miles de mujeres de este país que están lidiando con una plétora de síntomas que parecen eludir hasta al mejor de los médicos, le ofrezco esta guía, que incluye protocolos para equilibrar su cuerpo hoy y durante los años por venir. Permita que sea su referencia, o plan de acción, para ayudarla a mantener el equilibrio una vez logrado. Compártalo con su madre, hija, hermana, y mejor amiga. Es un presente que le doy. He vivido en un cuerpo desequilibrado. Conozco la angustia y el dolor, la ansiedad, y el desaliento y los sentimientos de desesperanza que surgen como resultado. También sé lo que significa el equilibrio restablecido. Doy fe... ¡no hay nada que se le parezca! Entonces, habiendo dicho esto, ¡comencemos!

Los elementos esenciales del equilibrio son tres:

- *Cuerpo:* Equilibre el cuerpo usando nutrientes específicos para desintoxicar, equilibrar, y fortalecer los sistemas corporales.
- *Mente:* Tome la decisión consciente de estar bien, dedicando tiempo y esfuerzo a sanar heridas emocionales pasadas y presentes. Practique el perdón, y desarrolle diariamente una actitud de agradecimiento.
- *Espíritu:* Desarrolle y mantenga una relación personal con su Creador. Alimente su alma, pues usted es un ser espiritual que está teniendo una experiencia terrenal.

Si descuida el equilibrio de estas tres áreas, el verdadero equilibrio resulta imposible.

Comencemos con su cuerpo. La primera sección de este capítulo trata de los factores esenciales para lograr el equilibrio en lo que respecta a su salud física.

EL CUERPO: HAGA UN INVENTARIO DE SU CUERPO FÍSICO

Para iniciar el proceso de equilibrar su cuerpo, primero debe hacer un inventario de su actual estado de salud. Voy a hacerle una serie de preguntas dirigidas a los diferentes sistemas de su cuerpo. Sus respuestas la ayudarán a determinar dónde necesita ayuda y equilibrio. La exactitud de sus respuestas es crucial. ¡Su recompensa será un mayor nivel de salud! El equilibrio no significa simplemente suprimir sus síntomas, sino más bien descubrir y eliminar la causa fundamental del desequilibrio.

Vamos a examinar su cuerpo observando sus ocho sistemas principales: gastrointestinal, estructural/neurológico, ojos y oídos, cardiovascular, inmune, respiratorio, genitourinario, y endocrino/glandular.

Mi objetivo es instruirla involucrándola en el cuidado de su propia salud. Al hacerlo usted se convertirá en una participante activa de su bienestar personal. Aprenderá a hacerse más responsable de su estilo de alimentación. También aprenderá que el desequilibrio puede ser el resultado de malestar emocional o de agotamiento espiritual. Un componente importante del proceso de equilibrio es hacer énfasis en la renovación emocional y espiritual.

Si ha marcado varias opciones en cualquier área o sección dada, eso la alertará para centrar su atención en ese sistema en particular. Recuerde, cuando un sistema se encuentra fuera de equilibrio, afecta a los demás sistemas. Es como un tiro caballos, si uno de ellos está débil o no puede arrastrar la carga, los demás caballos deben jalar la rienda floja y resultan sobrecargados. Lo mismo sucede con su cuerpo. El equilibrio es clave. Después de realizar estas evaluaciones, sabrá en qué sistema debe centrarse y fortalecerlo.

Mientras superaba mis luchas personales de salud, mis estudios me llevaron en un viaje por todas las avenidas de la medicina alternativa. En la medicina china descubrí que creen que si uno ha pasado a un estado de enfermedad crónica de cualquier clase, se debe aplicar un principio de equilibramiento. Aquí entra en escena el equilibrio de todos sus sistemas corporales. A este equilibramiento se lo conoce como el principio de la regeneración. La regeneración difiere de la medicina porque no está relacionada en absoluto con la enfermedad. Para tratar una dolencia, la medicina primero le da un nombre, y después busca una cura específica para la misma. En contraste, el principio de la regeneración sostiene que no existen enfermedades específicas, sólo debilidades internas, por lo general reversibles, que se manifiestan en ciertos patrones sintomáticos. Al utilizar el patrón sintomático para discernir la debilidad, y entonces fortalecer el sistema corporal, creamos condiciones óptimas que permiten que dichos síntomas desaparezcan, siendo reemplazados por la vitalidad y el equilibrio de la salud. El principio de la regeneración fue una bendición para mi cuerpo. Me entusiasma poder compartirlo con usted porque mi objetivo es ayudarla a descubrir y aplicar los principios de una vida saludable que restablecerán el equilibrio de su cuerpo, mente, y espíritu.

Tenga bien presente que su forma de pensar debe cambiar desde el punto de vista orientado a la enfermedad donde busca una cura externa para una enfermedad específica al principio de la regeneración donde busca fortalecer y equilibrar su cuerpo, prestando atención a los síntomas solamente como señales de posibles debilidades. Las vitaminas, medicamentos, hierbas, pociones, lociones, y cosas similares ¡no curan nada! Su cuerpo fue diseñado con la capacidad dada por Dios para curarse. Sustente su cuerpo, fortalezca las áreas débiles, ¡y deje que la sanidad comience!

AUTOEVALUACIÓN PARA CONOCER SU CUERPO

Es imperativo que haga un inventario de su cuerpo y vea dónde radican sus debilidades. Quizás se dé cuenta de que algunas de sus afecciones pueden venir de familia o ser hereditarias. No se alarme por esto. Simplemente significa que esas áreas débiles necesitan mayor atención y fortalecimiento.

SU SISTEMA GASTROINTESTINAL

Experimenta alguno de los siguientes síntomas:
- ❑ Dolor de estómago
- ❑ Fatiga después de comer
- ❑ Acidez frecuente
- ❑ Constipación frecuente
- ❑ Síndrome de intestino irritable
- ❑ Hemorroides
- ❑ Vómitos
- ❑ Colitis
- ❑ Problemas de vesícula
- ❑ Eructos frecuentes
- ❑ Náusea
- ❑ Úlceras

SU SISTEMA ESTRUCTURAL/NEURÓLOGICO

Experimenta:
- ❑ Dolores de cabeza
- ❑ Calambres musculares
- ❑ Dolores de cuello

- ❑ Dolor maxilar
- ❑ Mareos
- ❑ Dolor de espalda
- ❑ Dolor de hombros/codos/muñecas
- ❑ Dolor de rodilla/cadera
- ❑ Dolor articular o pérdida de movilidad
- ❑ Osteoporosis u osteomalacia
- ❑ Tendinitis/bursitis

Su sistema cardiovascular

Experimenta:

- ❑ Pulsaciones irregulares
- ❑ Soplo cardiaco/palpitaciones
- ❑ Presión sanguínea alta o baja
- ❑ Dolor de pecho
- ❑ Mala circulación
- ❑ Cirugía cardiaca previa
- ❑ Várices o arañas vasculares
- ❑ Manos y pies fríos

Su sistema inmune

¿Qué síntomas de baja inmunidad ha experimentado?

- ❑ Enferma con frecuencia
- ❑ Glándulas inflamadas/dolor de garganta
- ❑ Depresión y/o ansiedad
- ❑ Articulaciones doloridas/dolor muscular
- ❑ Dolores de cabeza/migrañas
- ❑ Afecciones digestivas recurrentes
- ❑ Fatiga crónica
- ❑ Alergia a los alimentos
- ❑ Eczemas o urticarias
- ❑ Alergias

Su sistema respiratorio

Marque las casillas que correspondan:

- ❑ Tos crónica
- ❑ Asma
- ❑ Enfisema
- ❑ Resfríos recurrentes con embotamiento
- ❑ Problemas de sinusitis recurrentes

❏   Bronquitis recurrentes

❏   ¿Fuma?

SU TRACTO GENITOURINARIO

Marque las casillas que correspondan:

❏   Orina demasiado frecuentemente

❏   Sangre en la orina

❏   Problemas recurrentes de riñón o vejiga

❏   Cálculos en los riñones

❏   Incapacidad de controlar esfínteres

OJOS Y OÍDOS

Marque las casillas que correspondan:

❏   Infecciones de oído recurrentes

❏   Infecciones oculares

❏   Partículas flotantes en los ojos

❏   Glaucoma

❏   Degeneración macular

❏   Cataratas

SU SISTEMA ENDOCRINO/GLANDULAR

Marque las casillas que correspondan:

❏   Manos y pies fríos

❏   Baja presión sanguínea

❏   Problemas de peso, en exceso o bajo

❏   Problemas de tiroides

❏   Diabetes

❏   Irritabilidad al saltearse comidas

❏   Mareos si se levanta demasiado rápido

❏   Depresión

❏   Dolores de cabeza frecuentes

❏   Afecciones estomacales

❏   Infecciones recurrentes del tracto urinario

❏   Candidosis

❏   Irregularidad menstrual

❏   Calambres

❏   Cambios de estados de ánimo/depresión

❏   Síndrome premenstrual

❏   Infertilidad

❏   Abortos espontáneos frecuentes

❏   Sofocos

❏   Actualmente toma hormonas

❏ Actualmente toma píldoras anticonceptivas
❏ Nódulos en los pechos
❏ Fibromas en el útero/quistes en los ovarios
❏ Vejiga que gotea
❏ Endometriosis

En este capítulo discutiremos cada uno de estos sistemas, y encontrará información y protocolos adicionales que tratarán sus síntomas a lo largo de los diez factores esenciales para lograr el equilibrio. A medida que lea cada capítulo, remítase a las casillas que tildó, aplicando los protocolos que le doy para superar ese síntoma de desequilibrio en su vida.

EL SISTEMA GASTROINTESTINAL DE LA MUJER

El sistema gastrointestinal en la mujer está delicadamente equilibrado y puede alterarse debido al estrés, tanto bueno como malo, lo que puede conducir a la sobrealimentación por causas emocionales o mala elección o combinación de alimentos, tales como comidas fritas, grasosas o azucaradas que pueden hacer el tránsito más lento y provocar constipación. El desequilibrio de la flora intestinal y la deficiencia de las enzimas digestivas pueden producir hinchazón o gases molestos.

Muchas mujeres esperan ansiosamente la primavera como un tiempo para limpiar sus casas de arriba abajo, limpiando la suciedad, el polvo y las telarañas de la estación anterior. Si se siente embotada, lerda, y agotada, quizás esté cansada o intoxicada. ¡Es tiempo de darle a su sistema una *limpieza de primavera* de arriba abajo!

Antes de comenzar a equilibrar su cuerpo, le recomiendo que desintoxique o limpie su sistema. Toda mujer que esté experimentando cansancio puede ser que en realidad esté intoxicada. Los dolores de cabeza, achaques, problemas en los senos nasales, problemas de peso, sensación de confusión, gases intestinales, irregularidad, e indigestión pueden ser signos de alerta que indican la necesidad de desintoxicación.

Cada vez hay más evidencias que apuntan a la acumulación de toxinas como la causa del envejecimiento acelerado y de enfermedades crónicas. Nuestra generación ha estado expuesta a más polución que ninguna otra en la historia. Para cuando llegamos a los cuarenta, hemos consumido libras de azúcar, galones de bebidas con cafeína, y demasiadas comidas rápidas y procesadas como para contarlas. Sumemos a esto las medicinas y el hecho de no comer de manera equilibrada por nuestro estilo de vida agitado, unido a la falta de verduras y frutas frescas y fibra insuficiente para ayudar a eliminar estas toxinas de nuestro sistema, y tiene todos los ingredientes para la *autointoxicación* o *autoenvenenamiento*. Esto sucede cuando la acumulación tóxica es tan grande que se recicla e ingresa en el torrente sanguíneo, causando miles de síntomas molestos que a menudo desconciertan a los mejores médicos.

Eliminar las toxinas del cuerpo es un importante procedimiento de cuidado personal que debería ser parte del cuidado preventivo de su salud. ¿Por qué estamos tan intoxicadas? Considerando todos los esteroides, antibióticos, pesticidas, ceras, hormonas, tintes, y parafinas utilizadas en el suministro de alimentos, no es de extrañar que estos materiales provoquen en el cuerpo reacciones que pueden causar una variedad de problemas de salud. La toxicidad puede ocasionar enfermedades frecuentes, hacernos parecer mayores de lo que en realidad somos, y robar nuestra vitalidad.

En la actualidad muchos médicos e investigadores concuerdan en que las condiciones degenerativas del corazón, colon, articulaciones, y riñones, así como también mareos, depresión, artritis, insomnio e inhibición inmunológica, pueden ser el resultado de acumulación tóxica en el cuerpo. Nuestra capacidad de eliminación se hace más lenta como resultado de esta toxicidad, que se combina con la elaboración de nuestros propios desechos corporales. Nuestros cuerpos se convierten virtualmente en un depósito de agentes contaminantes. Como resultado, la absorción de nutrientes se torna deficiente debido a que los intestinos contaminados no pueden eliminar debidamente los químicos ni filtrar las partículas alimenticias en forma adecuada.

Recomendación de la Dra. Janet:

Nature's Secret Ultimate Cleanse, disponible en la mayoría de las tiendas de alimentos naturales, es una fórmula sumamente efectiva para una limpieza total del cuerpo.

Esto permite que las toxinas ingresen en el torrente sanguíneo, lo que en ocasiones puede conducir al "intestino hiperpermeable" o síndrome del intestino irritable. Si no está eliminando debidamente –lo que significa evacuar el intestino dos o tres veces por día, todos los días– está constipada. Esto hace posible que los desechos tóxicos ingresen en el torrente sanguíneo y creen un malestar crónico o bajo nivel de energía. Usted tiene veintisiete pies de tracto intestinal. Si come tres comidas diarias, además de los bocadillos, sólo piense en lo que sucede si no elimina debidamente. Piense en la cantidad de toxinas que se acumulan a medida que la comida se estanca, se fermenta y se pudre. No es un panorama agradable, pero es una ilustración que necesita para entender la importancia de limpiar su sistema interno.

Una forma de rectificar este problema es limpiar su sistema dos veces al año, en la primavera y en el otoño. Una forma sencilla y fácil de hacerlo sería usar una fórmula herbal que contenga hierbas sinérgicas de eficacia comprobada que sean específicas para ese sistema, esto es que limpien hígado, sangre, colon, etc. Cuando aprovecha la antigua sabiduría herbal y la une a la tecnología de formulación de hoy, tiene el beneficio de tener una forma eficaz de corregir la sobrecarga tóxica y recuperar su salud.

Si hablamos de desintoxicarse, hay otras formas de hacerlo además de las formulaciones herbales, incluyendo lavados de colon, ayuno, saunas, enemas, y jugos vegetales. Pero por facilidad, conveniencia y eficacia, se ha descubierto que la limpieza mediante el uso de hierbas ha resultado ser el más efectivo, siempre y cuando use un producto superior. En lo que se refiere al producto que puede usar, recuerde que la clave está en su formulación. No debe ser demasiado agresivo, y no debe estar compuesto únicamente de hierbas laxantes. Busque una formulación que contenga las hierbas específicas para el sistema así como también hierbas que ayuden a limpiar el colon para eliminar toxinas de su sistema. Por lo general el proceso de eliminación progresiva de la materia de desecho acumulada lleva entre sesenta y noventa días. Para optimizar el proceso, asegúrese de depurar su dieta y de beber abundante agua de buena calidad.

Después de desintoxicarse, muchas mujeres sienten que les han devuelto la salud. Se aclara la piel, las evacuaciones son regulares, los ojos brillan, aumenta la energía, vuelve la vitalidad, mejora la digestión, los achaques disminuyen o desaparecen los dolores de cabeza se convierten en cosa del pasado, y los deseos no saludables desaparecen. Cuando considera todos estos beneficios, ¡es como si le hubieran dado una pizarra o cimiento nuevo sobre el cual puede construir su salud hasta alcanzar un nivel más alto y vibrante! Puede asumir la responsabilidad y hacer su parte para ayudar a prevenir algunas de las enfermedades más debilitantes de nuestro tiempo. Sea preactiva: ¡limpie su cuerpo y agréguele más años a su vida!

En mi recorrido hacia el bienestar, la desintoxicación jugó un papel importante en mi recuperación. Creo que es esencial en lo que se refiere a equilibrar el cuerpo. Eliminar las toxinas es un procedimiento de cuidado personal y parte importante del cuidado preventivo de la salud.

Lograr el equilibrio gastrointestinal

Comencemos con el acto de equilibramiento. La mala digestión puede causar muchos de los síntomas incluidos en las listas de autoevaluación. Ésta puede tener muchos factores causantes, incluyendo el comer demasiado rápido o cuando está bajo estrés; comer demasiado; comer demasiadas comidas refinadas, ácidas, grasosas, y picantes; sensibilidad a los alimentos, alergia al trigo o a los lácteos; y una dieta pobre con exceso de consumo de azúcar y mala evacuación.

Si marcó algunos de los síntomas en el sistema gastrointestinal en la Autoevaluación para conocer su cuerpo al principio de este capítulo, debería considerar la posibilidad de tomar enzimas digestivas de origen vegetal con cada comida. Hoy vivimos en un mundo donde nuestras comidas son cocinadas en microondas, procesadas, tan pobres en nutrientes, recocidas, y con demasiada azúcar, que nuestras propias enzimas digestivas, normalmente presentes en el proceso digestivo, a menudo se ven disminuidas por la enorme carga de trabajo que deben realizar. Las enzimas digestivas son *cruciales* para la correcta asimilación de los alimentos. En su libro informativo *The Healing Power of Enzymes*, DicQie Fuller afirmó: "Cuando sufrimos de una enfermedad aguda o crónica, es casi seguro que existe un problema de disminución de enzimas".[1]

Aunque la medicina dominante por lo general no recomienda enzimas digestivas a mujeres con problemas digestivos, muchos médicos han recibido menos consultas de sus pacientes mujeres una vez que la digestión se normaliza al complementarla con enzimas. Los profesionales de la medicina natural creen que lo primero en el orden del día, cuando se trata de aliviar las molestias digestivas y restaurar la salud del tracto digestivo, es complementar con enzimas digestivas. ¡Lo *rosa* es solamente una fachada! (Vea el Capítulo 3 para más información sobre suplementos de enzimas digestivas.)

¿Marcó la casilla de *acidez frecuente*? Muchos casos de acidez, reflujo ácido, e indigestión ácida son el resultado de la producción insuficiente de ácido hidroclórico en el estómago. Cuando el ácido estomacal resulta insuficiente para una digestión correcta, la comida comienza a fermentarse. La fermentación en el estómago produce gas. Cuando su estómago se expande por causa del gas, éste viaja hacia el esófago. Al ingresar al esófago, el ácido del estómago entra con él. Cuando dicho ácido llega al esófago, se produce una sensación de ardor en la garganta y esto causa la acidez. La medicina natural afirma que las soluciones para la acidez deben tratar la causa de la condición, que es la insuficiencia de ácido clorhídrico. Los antiácidos que se expenden sin prescripción médica sirven para neutralizar el estómago y brindar alivio. En realidad, al neutralizar el ácido del estómago, los antiácidos agravan los problemas digestivos.

Esto no favorece un tracto digestivo saludable. Cuando su estómago se torna menos ácido, su sistema puede convertirse en un hábitat acogedor de bacterias dañinas, cándida, parásitos, y toxemia intestinal.[2]

Recomendación de la Dra. Janet:

Usar Betaína HCl a la hora de las comidas, lo que ayuda a asegurar que su estómago contenga ácido clorhídrico suficiente para una digestión adecuada y alivio de molestos síntomas de alteraciones digestivas.

Si tiene problemas de *constipación* y *hemorroides*, debería saber que una dieta pobre juega un rol muy importante en el desarrollo de estas dos condiciones. Demasiado poca fibra, demasiados fritos, alimentos con azúcar, y demasiada carne roja, cafeína y alcohol son los mayores culpables. No beber suficiente agua (especialmente cuando viaja), falta de ejercicio, hipotiroidismo, y uso de drogas antidepresivas son factores muy importantes para las mujeres. La evacuación adecuada es crucial para una salud óptima.

SIGNOS DE MALA EVACUACIÓN Y SOBRECARGA TÓXICA

→ Fatiga
→ Irritabilidad
→ Dolores de cabeza
→ Embotamiento mental
→ Gases
→ Náuseas
→ Depresión
→ Lengua saburral
→ Mal aliento

→ Olor corporal
→ Piel amarillenta

Otra condición común que parece afectar con mayor frecuencia a las mujeres que a los hombres es el *síndrome del intestino irritable (SII)*. Esto puede deberse al hecho de que la mayoría de los factores contribuyentes son comunes al estilo de vida de las mujeres de hoy. La mayoría de las personas que padecen de SII son mujeres entre los veinte y cuarenta y cinco años de edad, con personalidades tipo A y estilos de vida o trabajos estresantes. Las más comúnmente afectadas son las mujeres ansiosas, tensas, que beben mucho café, sensibles a la lactosa, o mujeres que han hecho tratamientos reiterados con drogas antiinflamatorias o que sufren de sobrecrecimiento de levadura debido al uso de antibióticos.

La *colitis* es una condición muy dolorosa que se desarrolla en etapas. Puede comenzar con debilidad, fatiga, y letargo, y estar seguida de calambres abdominales, dilatación, y dolor, que se alivian mediante los movimientos intestinales. Al poco tiempo una mujer puede experimentar constipación recurrente, alternando con diarrea con sangre y mucus en la deposición. A medida que la condición progresa se presentan hemorroides rectales, fístulas, y abscesos; deshidratación; pérdida de minerales; y pérdida de peso no saludable con dilatación abdominal.

La buena noticia es que el mundo de la medicina natural tiene respuestas para todas las condiciones mencionadas arriba. En los capítulos que siguen encontrará mis saludables protocolos naturales que la conducirán a lograr un mayor equilibrio en estas áreas. ¡La recompensa es una salud vibrante con abundante energía! Tenga presente que los remedios naturales tardarán de tres a seis meses en producir resultados radicales. Esto sucede porque la medicina natural no suprime los síntomas ni los tapa con apósitos. Antes bien, busca la causa de su malestar y luego sostiene el cuerpo desintoxicándolo, nutriéndolo, y equilibrando y recomponiendo su sistema.

La siguiente tabla le da pautas dietarias para las condiciones de salud que se presentan a partir de problemas gastrointestinales. A lo largo de este libro encontrará protocolos más específicos.

PASOS PARA LA SALUD GASTROINTESTINAL

→ Comer comidas en cantidades más reducidas, y masticar bien los alimentos.

→ Dar una caminata diaria para estimular la regularidad.

→ Evitar los antiácidos; a menudo neutralizan el HCL del estómago.

→ Reducir el estrés en su vida.

→ Purificar su dieta evitando el café, comidas con cafeína, gaseosas, nueces, lácteos, y cítricos, especialmente si trata de recuperarse de la colitis.

→ Eliminar las comidas azucaradas, los fritos, el sorbitol, y los alimentos a base de lácteos (la intolerancia a la lactosa afecta frecuentemente a quienes sufren de SII). Eliminar el trigo (otro irritante), y evitar los antibióticos, los antiácidos y la leche de magnesia, que destruye bacterias benignas del tracto intestinal.

¿Podemos hablar? Es importante tratar el delicado tema de la *evacuación*. Como la evacuación varía de mujer a mujer, es importante saber qué es lo *normal*. Para una salud óptima, debería evacuar entre dos y tres veces por día. Una deposición intestinal saludable debería ser entre marrón y marrón clara, lo suficientemente liviana como para flotar (lo que indica suficiente ingesta de fibra), voluminosa y fácil de evacuar. El olor fuerte indica toxicidad, tránsito lento, o una dieta demasiado elevada en proteínas animales y grasa saturada. A medida que purifique su dieta, (agregando fibra, abundantes granos integrales, y frutas y vegetales frescos), notará una mejora significativa.

Recomiendo que disfrute algunos de los deliciosos tés de hierbas disponibles para ayudarla con los problemas digestivos. El té de menta, el de menta verde, y el de alfalfa con menta son especialmente útiles para ayudar a la digestión.

SOLUCIONES RÁPIDAS DE LA NATURALEZA

Síntoma	*Remedio*
Ardor estomacal	Jugo de aloe vera
Acidez de estómago	Jugo de lima con una pizca de jengibre
Hinchazón	½ cucharada de bicarbonato de sodio en agua
Mala absorción	Un vaso de vino en la cena
Flatulencia	Té de olmo o como enema; o canela, nuez moscada, jengibre, y clavos de olor en agua

Problemas de vesícula
- ¿Experimenta un dolor intenso en la parte superior derecha del abdomen acompañado de náuseas?
- ¿Tiene dolor abdominal, hinchazón y gases recurrentes después de una comida pesada?
- ¿Tiene accesos de náuseas, fiebre, vómitos, y dolor abdominal intenso que irradia hacia la parte superior de la espalda?

Las mujeres constituyen aproximadamente tres cuartos de los veinte millones de personas que sufren de vesícula en los Estados Unidos.[3] Si padece de colesterol alto, indigestión crónica, gases, u obesidad, o si hace dietas yo-yo o consume demasiados lácteos y comidas refinadas y azucaradas, está en riesgo. Mejorar su dieta es la clave en la prevención de la enfermedad biliar y la formación de cálculos biliares.

Reduzca la ingesta de proteína animal, especialmente alimentos lácteos, y evite las comidas fritas y grasas, alimentos azucarados, y comidas rápidas. Aumente la ingesta de frutas y vegetales frescos porque contienen fibra. Ésta evita que se formen depósitos de colesterol malo y mantiene la comida moviéndose adecuadamente a través de su sistema. Si tiene cálculos biliares, quizás desee considerar hacer un drenaje biliar/hepático. Personalmente me he realizado varios de estos drenajes. Cada vez me asombro de los resultados. Si sospecha que tiene cálculos grandes, debo recomendar que se realice un sonograma *antes* de embarcarse en este procedimiento, porque los cálculos *deben* ser lo suficientemente pequeños como para pasar por el conducto hepático durante el drenaje. Si son demasiado grandes, primero es necesario disolverlos usando Stone-X (disponible en la mayoría de las tiendas de alimentos naturales). Busque un proveedor de salud consciente de lo que se necesita para una buena nutrición, y trabaje con esa persona para que usted pueda estar controlada.

DRENAJE BILIAR/HEPÁTICO

El drenaje de hígado y vesícula es un importante procedimiento desintoxicante que puede ayudar a restaurar la capacidad funcional normal de estos órganos.

1. De lunes a sábado al mediodía, beba la mayor cantidad de jugo de manzana o sidra de manzana que su apetito le permita además de sus comidas regulares y los suplementos que toma regularmente. El jugo de manzana debería ser sin filtrar y libre de aditivos y conservantes. Puede encontrarlo en su tienda local de alimentos naturales.

2. El sábado al mediodía, debería almorzar normalmente.

3. Tres horas después, ingiera dos cucharadas de sales Epsom en aproximadamente dos onzas de agua. El sabor le resultará desagradable y por lo tanto puede seguirse de un poco de jugo de cítricos exprimidos. (El jugo de toronja es ideal.)

4. Dos horas más tarde, repita el paso 3.

5. Puede acompañar la cena con jugo de toronja u otro cítrico.

6. A la hora de acostarse, puede beber una de las siguientes:

   –Media taza de aceite de oliva sin refinar seguida de un vaso pequeño de jugo de toronja.

   –Media taza de aceite de oliva sin refinar tibio mezclado con media taza de jugo de limón. El aceite de oliva sin refinar se puede comprar en cualquier tienda de alimentos saludables. Es mejor usar jugo de cítricos frescos, pero están permitidos los embotellados o enlatados. Use una licuadora para mezclar el aceite y el jugo. Esto mejorará el sabor y la textura. Beba la mezcla con una pajita.

7. A continuación del paso 6, debería acostarse inmediatamente y recostarse sobre su lado derecho con la rodilla derecha cerca del pecho durante treinta minutos.

8. A la mañana siguiente una hora antes del desayuno, tome dos cucharadas de sales Epsom disueltas en dos onzas de agua caliente.

9. Asegúrese de continuar con su dieta normal y con los suplementos que ingiere normalmente, excepto la noche que realiza el paso 6.

Al beber el combo aceite de oliva/jugo de cítricos, algunas mujeres dijeron que experimentaron una sensación de náusea leve a moderada. Dicha náusea debería desaparecer gradualmente para cuando se quede dormida. Si la mezcla causa vómitos, no debería repetir el procedimiento a esta hora. Esto sólo ocurre en *raros* casos. El drenaje biliar/hepático estimula y purga dichos órganos. Las mujeres que han sufrido crónicamente de cálculos, dolores de espalda, náuseas y otros, en ocasiones observan pequeños objetos similares a cálculos biliares en la deposición al día siguiente. Éstos son de color verde claro a oscuro. Presentan formas irregulares, son de textura gelatinosa y varían en tamaño, que va desde semillas de uva a carozos de cereza. Si ve una gran cantidad de estos objetos en la deposición, debería repetir el drenaje hepático a las dos semanas.

SU SISTEMA ESTRUCTURAL/NEUROLÓGICO

¿Sufre frecuentes dolores de cabeza? Los dolores de cabeza pueden tener muchas causas y se clasifican en varias categorías.

Las *migrañas* pueden ser abrumadoras y ocasionar trastornos en las vidas de las mujeres. Se estima que en la actualidad cerca de treinta millones de americanos sufren de estos intensos dolores de cabeza que suelen durar de cuatro horas a dos días.[4] Los síntomas incluyen náuseas, vómitos, ver un aura, escalofríos, gusto y olfato distorsionados, y sensibilidad a la luz y al movimiento.

La *cefalea en racimos* se localiza en la frente u ojos; puede haber lagrimeo y visión distorsionada en un ojo, náuseas, y sensibilidad a la luz y al movimiento. Se produce de forma repentina y es extremadamente dolorosa, se presenta típicamente dos o tres veces al día, y a menudo es provocado por enojo y reacción histamínica. Para aliviar la cefalea en racimos use cápsulas de jengibre o matricaria, gingko biloba, vitamina C, o ácido alfalipoico. Agregue ácidos grasos esenciales a su dieta.

La *cefalea sinusal* involucra congestión e inflamación de los senos paranasales, un dolor sordo alrededor de los ojos, irritabilidad y falta de sueño. Para aliviar las cefaleas sinusales, use Xlear Nasal Wash o té de romero.

Las *cefaleas tensionales* son ocasionadas por contracciones musculares en las sienes o en la parte posterior de la cabeza, por lo general causadas por estrés o fatiga, y pueden durar horas o días. Muchas mujeres describen este tipo de dolor de cabeza como si tuvieran la cabeza en una morsa. Para aliviar la cefalea tensional o la relacionada con el estrés, beba té verde de Yerba Mate.

La *cefalea hormonal* es una cefalea que muchas mujeres experimentan cerca del ciclo o de la menopausia por los altos o excesivos niveles de estrógeno. Para aliviar este tipo de cefaleas, frote crema de progesterona sobre las sienes.

Los problemas estructurales/neurológicos también pueden causar calambres y espasmos musculares. Los *calambres y espasmos musculares* por lo general son causados por deficiencias de vitaminas o minerales, al igual que por insuficiencia metabólica de magnesio, potasio, calcio, yodo, oligominerales, y vitaminas D, E, y B_6. Además, otros factores incluyen falta de HCL adecuado enel estómago, alergias, medicación para presión sanguínea elevada, y mala circulación.

Recomendación de la Dra. Janet:

Beber abundante líquido, puesto que los músculos necesitan fluidos para contraerse y relajarse. Las bebidas electrolíticas son muy útiles. Penta Water brinda una hidratación excelente.

PAUTAS PARA LIBRARSE DE LAS CEFALEAS

Siga estas pautas dietarias:

- Evitar las cosas que provocan dolores de cabeza tales como alcohol, vino, cerveza, alimentos lácteos, cafeína, azúcar, chocolate, trigo, sulfitos, nitratos, glutamato monosódico, y pizza.

→ Una taza de café negro puede aliviar el dolor de cabeza una vez que ha comenzado.

→ Beber una bebida verde todos los días (Kyo-Green).

→ Beber una taza de té verde endulzado con stevia.

→ Agregar nueces (almendras), verduras de hoja oscura (para el magnesio), y brócoli, piña, y cerezas (para vitamina C).

→ Comer pavo para aumentar los niveles de serotonina.

Pruebe estos remedios herbales y naturales:

→ Nature's Secret Ultimate Cleanse para desintoxicar

→ Matricaria (manzanilla) y gingko biloba

→ Magnesio

→ GABA (ácido gamma-aminobutírico) y complejo-B para calmarse y relajarse

→ Aceite de onagra

→ Fórmula balanceada para mujeres de la Dra. Janet (Dr. Janet's Woman's Balance Formula) para cefaleas hormonales (crema de progesterona)

→ ACES de Carlson

→ Bromelaína

→ 5-HTP para calmar el estrés

→ DLPA (fenilalanina DL), para el dolor

→ Aromaterapia, especialmente aceite de lavanda

Realice estos cambios en su estilo de vida:

→ Terapia de masajes

→ Baños terapéuticos: sal marina, bicarbonato de sodio y aceite de lavanda

→ Quiropraxia

→ Respiración profunda

→ Ejercicio

→ ¡La risa es el mejor remedio!

→ Aplicar una bolsa de hielo en la parte posterior del cuello; para las náuseas, colóquela sobre la garganta

→ Para cefaleas tensionales, dé una caminata a paso ligero y respire profundamente

→ Dedique tiempo a concentrarse en la relajación todos los días

EVALÚE SU SISTEMA CARDIOVASCULAR

¿Marcó alguno de los síntomas sobre el sistema cardiovascular?

La presión sanguínea elevada es un problema de salud importante para las mujeres estadounidenses. Las mujeres de mediana edad tienen un 90 por ciento de posibilidades de desarrollar presión sanguínea alta.[5] Por lo general se la llama *el asesino silencioso* porque muchos casos no son diagnosticados.

Síntomas de hipertensión
- Mareos
- Hinchazón de tobillos
- Fatiga extrema
- Zumbido en los oídos
- Líneas rojas en los ojos
- Dolores de cabeza frecuentes e irritabilidad
- Depresión
- Disfunción renal
- Problemas respiratorios
- Constipación crónica
- Aumento de peso y retención de líquidos

La presión sanguínea alta va de la mano con los *problemas circulatorios*. Várices y arañas vasculares, manos y pies fríos, todos están relacionados con la salud del sistema circulatorio. Los síntomas incluyen niveles de colesterol y triglicéridos altos, zumbido en los oídos, calambres en las piernas, hinchazón de tobillos, cefaleas crónicas, mala memoria, mareos, y falta de aliento.

Si su presión sanguínea está continuamente en 100/60 o por debajo, usted tiene presión sanguínea baja. Viene acompañada de fatiga, poca energía, mareo al levantarse, nerviosismo, alergias, y baja inmunidad. Las causas de la presión sanguínea baja incluyen desórdenes endocrinos o nerviosos, reacción a medicamentos, pérdida de electrolitos, funcionamiento suprarrenal deficiente, y estrés emocional.

> ### *Recomendación de la Dra. Janet:*
> Si uno de sus padres o hermanos tuvo enfermedad cardiaca temprana, y si usted es obesa, fumadora, o tiene algunos otros factores de riesgo, hablar con su médico para hacerse una tomografía computada del corazón para evaluar sus riesgos reales.

El síntoma más comúnmente reconocido de los problemas cardiovasculares es el dolor de pecho. *El dolor de pecho siempre debería ser evaluado por su proveedor de asistencia médica.* Los síntomas de ataque cardíaco son distintos en las mujeres. Si experimenta alguno de los siguientes síntomas, debería visitar a su médico.

SÍNTOMAS DE ATAQUE CARDÍACO EN LAS MUJERES

Los siguientes síntomas pueden presentarse hasta un mes antes de que se produzca un ataque cardíaco:

→ Inexplicable falta de aliento, a menudo sin dolor
→ Ataques inusuales de indigestión, acompañados por dolor de dientes, maxilares, oído, y/o espalda
→ Patrones de sueño pobre acompañados de ansiedad
→ Fatiga inusual inexplicable

Los siguientes síntomas pueden indicar la inminencia de un ataque cardiaco:

→ Fatiga, debilidad y mareos extremos
→ Falta de aliento con palpitaciones y sudor frío

SU SISTEMA INMUNE

Las mujeres que viven en el mundo actual son todas susceptibles al estrés. El estrés, cuando no se lo maneja y se lo trata debidamente, puede disminuir la inmunidad. Un signo seguro de inmunidad baja es las infecciones crónicas como resfríos o alergias respiratorias. Si a la mezcla le agrega terapia con antibióticos, está haciendo que la inmunidad baje aún más, abriendo la puerta a infecciones de levadura.

Su sistema inmune es una milagrosa máquina curativa hecha de células microscópicas. Ataca y destruye invasores causantes de enfermedades y células anormales o infectadas. Su sistema inmune es clave para defenderla de parásitos, toxinas, y bacterias. Además, este sistema juega un rol significativo en ayudar a prevenir o reducir los efectos de varias enfermedades y mucho más. Un sistema inmune comprometido puede entorpecer la capacidad que su cuerpo tiene de protegerse contra enfermedades y toxinas. Es de vital importancia que restaure, fortalezca, y equilibre su sistema inmune. Éste requiere la materia prima correcta para producir las medicinas internas que la protejan de la enfermedad. Si está experimentando algunos de los síntomas de baja inmunidad, las siguientes pautas mantendrán y fortalecerán su inmunidad.

Recomendación de la Dra. Janet:

Si sospecha que está teniendo un episodio cardíaco, llame al 911 y tenga en cuenta la posibilidad de usar uno de los auxilios de emergencia de la naturaleza: una cucharada de polvo de cayena o tintura de cayena en agua; mastique una aspirina con agua, que puede ayudar a reducir una obstrucción arterial.

SOSTENER EL SISTEMA INMUNE

Siga estas pautas para mantener su sistema inmune para una salud óptima:

→ Consumir una dieta lo más parecida posible al "jardín original" incluyendo abundantes frutas y vegetales frescos, alimentos con alto contenido de fibra, mariscos, yogur, y kéfir.

→ Agregar ajo y cebollas a sus platos favoritos, lo cual le estimulará la inmunidad como beneficio agregado.

→ Evitar comidas azucaradas (pasteles, tortas, etc.), que disminuyen la inmunidad.

→ Eliminar las comidas fritas, las refinadas, y la carne roja.

Recuerde que el consumo de azúcar inhibe la función inmune, comenzando exactamente treinta minutos después del consumo y prolongándose durante más de cinco horas. Cien gramos de azúcar en cualquiera de sus formas –miel, azúcar de mesa, fructosa o glucosa– pueden reducir la capacidad que del sistema inmune para atrapar y destruir a los invasores. Es típico de las mujeres buscar algo con azúcar en tiempos de estrés o tensión. Esto es especialmente perjudicial para nuestro equilibrio, porque hace que nuestros cuerpos se tornen ácidos y nos impide estabilizar las vitaminas B. Las enfermedades causadas en parte por el consumo excesivo de azúcar son la hipoglucemia y la diabetes.

LAS MUJERES Y NUESTRO SISTEMA RESPIRATORIO

Si ha experimentado alguno de los síntomas comunes de funcionamiento respiratorio deficiente, los protocolos incluidos en los capítulos posteriores de este libro serán especialmente beneficiosos cuando se trata de equilibrar su cuerpo.

En el caso del asma, existen muchas causas y desencadenantes comunes. Las alergias a los lácteos y al trigo son causas comunes. Además, la caspa de animales, el moho, productos rociados con químicos y los aditivos de los alimentos pueden desencadenar ataques de asma. A muchas mujeres se les diagnostica esta condición potencialmente peligrosa alrededor del tiempo de la perimenopausia y la menopausia porque el asma suele estar relacionada con el agotamiento suprarrenal. En la madurez las reservas suprarrenales de la mujer se encuentran en su nivel más bajo debido al estrés emocional, la dieta pobre, o la falta de sueño o ejercicio. Conocer su factor desencadenante será el primer paso para encontrar alivio.

EL TRACTO GENITOURINARIO DE UNA MUJER

Si ha experimentado alguno de los síntomas de disfunción o desequilibrio urinario, tales como micción frecuente, incapacidad de controlar la vejiga, infecciones recurrentes en riñones y vejiga, o cálculos renales, entonces se indica un protocolo de desintoxicación de vejiga y riñones. Evite todos los agentes irritantes, tales como espinaca, carne roja, y consumo excesivo de proteínas. Beba entre ocho y diez vasos de agua por día. Los siguientes suplementos la ayudarán a fortalecer la salud del tracto genitourinario. Para alcalizar, ingiera a diario una bebida verde –Kyo-Green, clorofila líquida, o chlorella; beba té de malvavisco; tome cápsulas de equinácea y sello de oro, vitamina C (1,000 mg), y cápsulas de extracto de semilla de toronja como antibióticos naturales con efectos antiinflamatorios.

Agregue limpiadores de vejiga y riñones, tales como cápsulas de arándano o té de barba de maíz. Tome proteasa (una enzima que origen vegetal que ayuda a prevenir los cálculos renales). Beba té de diente de león, tome probióticos, lactobacilos/ácidofilos. Asegúrese de ingerir un suplemento de fibra o de consumir a diario fibra suficiente para fortalecer aún más el sistema del tracto urinario y reducir el riesgo de cálculos. Las infecciones en la vejiga son dolorosas. La inflamación de la misma por lo general se asocia con la bacteria *E. coli*. Más del 75 por ciento de las mujeres estadounidenses tienen al menos una infección del tracto urinario en un periodo de diez años.[6]

Otras causas incluyen infecciones por estafilococos, inflamaciones, uso excesivo de antibióticos con el resultado de infección por hongos, falta de ingesta adecuada de líquidos, mala evacuación, estrés, y los cambios que se producen en los tejidos durante los años premenopáusicos/menopáusicos.[7]

SUS OJOS Y OÍDOS

Los ojos de una mujer son verdaderamente las ventanas de su alma. Una persona puede saber mucho de la condición en que se halla una mujer sólo con mirarla a los ojos. Sus ojos reflejan su salud física, mental y emocional. Va a desear mantenerlos saludables, preservando así el más precioso de sus sentidos, la vista. Fortalezca la salud ocular con suplementos naturales que mantengan la salud de los vasos oculares, incluyendo arándano, ácido alfa lipoico, luteína, y quercetina. Use antioxidantes como eufrasia, betacaroteno, zinc, taurina, vitamina E, y astaxantina.

CUIDE BIEN SUS OJOS

1. La *degeneración macular* (AMD) a menudo se mejora con terapia de nutrición dirigida, que debe ser sistemática. Si sufre de esta condición, deje de fumar inmediatamente. Comience un programa de caminatas, y vigile su dieta. Coma saludablemente, en especial vegetales de hoja verde oscuro, y baje todo exceso de peso. Tome luteína y zeaxantina.

2. Las *partículas flotantes* también pueden mejorar tratando la salud del hígado. Siga las sugerencias para el drenaje hepático/biliar tratado anteriormente en este capítulo, y mantenga el apoyo nutricional hepático durante al menos tres meses para "ver" mejoras notables. Los suplementos más importantes que debe incluir son leche, cardo, trífala, y té de diente de león.

3. Los *círculos negros* alrededor de los ojos a menudo indican alergias, deficiencia de hierro, y disfunción o lentitud hepática. Tome cápsulas de trífala para desintoxicar el hígado.

4. *Cataratas:* para evitar el desarrollo de cataratas, incluya glutatione, vitamina C y cisteína.

5. *Ceguera nocturna:* asegúrese de visitar regularmente a su oftalmólogo. Agregue espinaca a su dieta, y compleméntela con vitamina A, ginkgo biloba, CoQ_{10} (100 mg), y zinc (30 mg) diariamente.

6. *Sequedad ocular:* para la sequedad ocular, beba aceite de lino con alto contenido de

omega 3 y tome cuatro cápsulas de aceite de onagra diariamente. El ginkgo biloba y el arándano ayudan a traer la circulación a los ojos, además de actuar como antihistamínicos naturales. Personalmente me gusta el colirio Similasan Eye Drops #1 para hidratar y descansar los ojos.

También hay muchas recomendaciones naturales para los problemas de oído que mucha gente experimenta. La mayoría de ellos son el resultado de una infección. La causa puede ser oído de nadador, alergia a los alimentos, zumbido en los oídos (tinnitus), o una infección secundaria relacionada con resfrío o gripe.

El dolor de oídos se puede controlar y/o prevenir estimulando el sistema inmune. (Para mayor información sobre suplementos para estimular la inmunidad, vea el capítulo tres.) La infección de oído se puede combatir con extracto de semilla de toronja, lavado nasal Xlear, y extracto de equinácea. También puede ponerse una onza de alcohol isopropilo al 70 por ciento en el oído, inclinar la cabeza, y dejarlo drenar después de diez a sesenta segundos. Esto ayudará a secar cualquier humedad o agua en el oído que pudiera conducir a una infección. Para el dolor asociado a la infección, prepare gotas de aceite de oliva tibio y extracto de ajo Kyolic Liquid, o coloque una pequeña bolita de algodón embebida en jugo de cebolla en el canal auditivo.

Al tratar una infección de oído, elimine todos los lácteos y azúcares de su dieta, y beba suficiente agua y té de camomila.

El tinnitus, o zumbido en el oído, puede ser causado por una infección crónica de oído o por acumulación de cera. También puede ser el resultado de medicamentos ototóxicos como antibióticos o aspirina. También puede estar involucrado el desorden TMD (articulación temporomandibular). La exposición a música fuerte o un trauma físico en el rostro o la cabeza también pueden desempeñar un papel en su desarrollo. Además, el colesterol y los triglicéridos altos pueden causar tinnitus.

Evite los alimentos desencadenantes como chocolate, café, cafeína, y gaseosas, y elimine los lácteos, el trigo, el maíz, y las comidas fritas, saladas y azucaradas.

EL SISTEMA ENDOCRINO DE UNA MUJER

El sistema endocrino de la mujer es con mucho el más delicado y crucial respecto a una salud vibrante, equilibrio y bienestar. La extensa lista de síntomas incluidos en la "Autoevaluación para conocer su cuerpo" debería decirle que su sistema endocrino ayuda a regular todo desde el flujo de energía (glándulas tiroides y suprarrenales) e inflamación hasta su ciclo menstrual.

La feminidad es una experiencia maravillosa cuando el sistema de la mujer está en equilibrio. El sistema endocrino está delicadamente afinado y puede sufrir desequilibrios, causando malestar y mal funcionamiento. Desde la pubertad a la premenopausia a la menopausia a la postmenopausia, muchas mujeres en el mundo actual saturado de estrés se ven afectadas por desequilibrios y fluctuaciones significativos en el sistema endocrino, lo cual hace su vida complicada. Fibromas, cefaleas, síndrome premenstrual (SPM), endometriosis, depresión, bajo deseo sexual, e infertilidad son todos indicios de que es necesario equilibrar el sistema endocrino. Buscar y mantener el equilibrio hormonal no es fácil en el mundo actual. (Para mayor información de utilidad, vea el capítulo nueve.) Además del estrés extremo, el medio ambiente actual contiene imitadores del estrógeno conocidos como *xenobióticos* o *xenoestrógenos*. Los xenobióticos tienen un impacto profundo en el equilibrio hormonal. La mayoría están hechos a base de petroquímicos. Perfumes, pesticidas, jabones, ropa, medicinas, microchips, plásticos y medicamentos, todos tienen una conexión petroquímica. Además, se inyectan hormonas productoras de crecimiento en los alimentos, particularmente en la carne y los productos avícolas. Esto contribuye a la dominancia de estrógenos en relación con los niveles de progesterona.

Cuando a esto le agrega un estilo de vida con alto nivel de estrés, lo que agota las glándulas suprarrenales, está agregando otro jugador importante al panorama de desequilibrio endocrino. Un protocolo natural que incluya una terapia de estilo de vida puede ayudar a reequilibrar los niveles de hormonas tiroideas, suprarrenales, y reproductivas en forma gradual, trayendo así armonía a su cuerpo y calidad de vida. (Vea el capítulo nueve.) Un programa de equilibramiento de las hormonas endocrinas resulta especialmente beneficioso después de periodos de estrés, trauma, una histerectomía, parto, enfermedad grave, o cirugía.

SU MENTE: LOGRAR EL EQUILIBRIO EMOCIONAL

Ahora que está armada con protocolos para equilibrar su salud física, es tiempo de evaluar su actual estado de salud emocional. Somos seres emocionales. Las emociones a menudo controlan todo nuestro ser. Experimentar el espectro total de emociones —felicidad, tristeza, odio, amor, entusiasmo, aburrimiento, empatía, y apatía— es disfrutar la pasión de la vida misma. Sin emociones no seríamos más que robots. Si no tuviéramos emociones ligadas a lo que oímos, decimos y vemos, no podríamos disfrutar de las maravillas de este mundo. Si nunca experimentáramos tristeza o aburrimiento, ¿cómo podríamos relacionarnos o apreciar la felicidad, el gozo, o el entusiasmo? Aunque a nadie le gusta experimentar emociones negativas, pueden servir como catalizadoras para el crecimiento y caminos hacia una existencia más rica.

Como mujeres, muy a menudo crecemos aprendiendo mecanismos de defensa que ocultan nuestros verdaderos sentimientos, y sobrevivimos convirtiéndonos en la imagen de lo que creemos que es aceptable. Esa imagen nos roba la verdadera felicidad. Comenzamos a vivir vidas que otros han elegido para nosotras, y negamos la belleza de lo que realmente somos.

Las emociones son poderosas. Preste atención, porque son maestras de lo que es importante en nuestras vidas. Si ignora su ser emocional, pagará un precio muy alto. Las emociones no tratadas pueden impedirle cumplir su verdadero destino divino.

Sin importar en qué condición se encuentre, ya sea que sufra de estrés, fibromialgia, ataques de pánico, tensión muscular, lupus, fatiga crónica, o depresión, recuerde una cosa: llevó muchos años y acontecimientos en la vida llegar a su actual nivel de salud. La buena noticia es que aunque se sienta vencida, lo cierto es que aún goza de cierto nivel de salud.

El hecho mismo de que esté leyendo este libro es un indicador de que quizás se siente abrumada por su vida o su mala salud. Se sorprenderá de ver cuánto mejor se sentirá con sólo entender por qué se siente como se siente.

SUS EMOCIONES Y LA CONEXIÓN CON LAS ENFERMEDADES

Comencemos a echar una mirada a la mujer y sus emociones usando la autoevaluación "¿Cómo nos enfermamos?" para analizar su equilibrio emocional actual.[8]

CÓMO ENFERMARSE

→ Culpar a los demás por sus problemas.

→ No expresar sus sentimientos y opiniones abierta y libremente.

→ Guardar resentimiento y ser hipercrítica, especialmente consigo misma.

→ Si está sobreestresada y cansada, ignorarlo y seguir exigiéndose a sí misma.

→ Evitar las relaciones profundas, duraderas e íntimas.

→ Preocuparse la mayor parte del tiempo, si no todo.

→ Seguir las opiniones y consejos de todo el mundo mientras se ve a sí misma como desdichada y estancada.

→ No tener sentido del humor; la vida no es cuestión de risa.

→ No hacer cambios que enriquezcan su vida.

Cómo enfermarse aún más

(Si ya está enferma)

→ Concentrarse en imágenes negativas y horribles.

→ Sentir autocompasión, envidia y enojo. Culpar a todos y a todo por su enfermedad.

→ Dejar todas las actividades que le dan sentido de propósito y diversión.

→ Aislarse de otras personas.

→ Quejarse de sus síntomas.

→ No cuidarse, porque ¿de qué sirve?

→ Escuchar opiniones médicas conflictivas y nunca seguir ningún consejo.

→ Ver su vida como algo sin sentido.

Cómo mantenerse bien o ponerse mejor

→ Soltar todas las emociones negativas, resentimiento, envidia, temor, tristeza o enojo. Expresar sus sentimientos; no aferrarse a ellos.

→ Hacer cosas que den sentido de satisfacción, gozo, y propósito que afirmen su valor.

→ Prestarse mucha y tierna atención a usted misma, nutriéndose y alentándose a sí misma.

→ Amarse a sí misma, y a los demás. Hacer del amor la expresión más importante de su vida.

→ Orar y dar gracias a Dios continuamente.

→ Mantener el sentido del humor.

→ Aceptarse a sí misma y todo en su vida como una oportunidad para crecer y aprender.

→ Ser agradecida.

→ Hacer una contribución positiva a su comunidad por medio de algún tipo de servicio o trabajo que le guste.

→ Tratar de sanar cualquier herida de relaciones pasadas.

TRATAR EL DOLOR EMOCIONAL

Según Kevin Lane Turner en su libro *A Journey to the Other Side of Life* (Viaje al otro lado de la vida), hay tres fuentes o raíces de sufrimiento emocional.[9] Son expectativas emocionales no cumplidas que provocan heridas, y los hábitos que resultan de dichas heridas y expectativas no alcanzadas. Vamos a analizarlas.

RAÍCES DEL SUFRIMIENTO EMOCIONAL

Lastimadura

Una lastimadura es una herida que le infligió alguien que amaba o quería. Se sintió traicionada o violada, y eso la lastimó. Puede haberse tratado de un suceso único o de una serie de heridas a lo largo de su vida. El dolor provocado, por lo general, la ha acompañado durante un largo tiempo en lo profundo de su ser o corazón.

Expectativas no cumplidas

Esto es cuando espera que una persona, relación, trabajo, o proyecto de algún tipo resulte de cierta manera. El problema comienza cuando no resulta ser lo que usted planeaba o esperaba, y la decepción la agota emocionalmente. Esto suele aparecer después de un divorcio o una relación que termina. Muchas veces somos culpables de colocar demandas, deseos, esperanzas emocionales, y sueños en los más cercanos a nosotras para sentirnos amadas o aceptadas. Esto realmente no es justo. Sólo presiona a quienes la rodean y hace que se alejen. Luego viene el sentimiento de rechazo, el cual agrega otra paja a la carga del camello.

Hábitos

Son la tercera fuente de sufrimiento emocional. Debido a las heridas y a las expectativas emocionales no cumplidas, adquirimos hábitos negativos que nos impiden superar el sufrimiento que atormenta a nuestro corazón. El sufrimiento emocional no tratado afecta la forma en que reaccionamos cada día. Éste puede causar hábitos que nos hacen pensar, decir, sentir y hacer cosas que no reflejan lo que en realidad somos; producir más sufrimiento; y hacernos sentir culpables, débiles, malas personas, e inferiores.[10]

¿Cómo sanar y superar las heridas y volver a ser lo que era antes? Se han escrito páginas y páginas sobre este tema. La industria de la autoayuda está en auge.

Se ha dicho que el poder que desata su ser emocional es mucho mayor que el poder de su cuerpo.[11] Cuando queda agotada por heridas, ansiedad, estrés, o sufrimiento, su ser emocional se vuelve tan poderoso que físicamente puede hacerla hacer, decir y pensar cosas que normalmente no haría. Cuando vuelve a reponerse y a restablecer el equilibrio, su ser emocional se convierte en un canal para expresar amor, felicidad, y paz. Entonces ¿cómo "aceptar" años de heridas y agotamiento? La respuesta es simple: usted necesita entender sus sentimientos. Debe aprender cómo funciona su ser emocional. Sanarlo es aprender a controlar sus emociones. Ahora recuerde, las emociones son poderosas. No puede ponerles un arnés, pero puede aprender a controlar su respuesta emocional. Esto se hace perdonando a la gente o las situaciones que la hirieron. Esto liberará su corazón, y podrá experimentar amor y paz.

Para traer equilibrio y sanidad a su ser emocional debe aprender a cambiar de canal cuando resurgen heridas, enojo, falta de perdón, trauma, o angustia del pasado. Elija perdonar, y después suéltelo. No debe obsesionarse pensando en el pasado. No lo reviva. Cambie al canal del perdón en su mente, de lo contrario se instalará la amargura. Recuerde, lo que usted no suelte no la soltará a usted. La Biblia dice que deberíamos perdonar setenta veces siete, y que recibiremos la misma misericordia que hemos mostrado a otros. (Ver Mt 18:22; Ro 11:31.)

Usted tiene la capacidad de perdonar y soltar. Una vez más, es una elección consciente. Pero ¿tiene el deseo? La vida es demasiado corta. Si vive una vida de amor incondicional, cosechará una vida de libertad y abundancia.

Vea lo mejor en la gente. Pague el mal con bondad y misericordia. Es un precio pequeño cuando considera la recompensa de una salud emocional sólida y un cuerpo libre de enfermedad.

DEPRESIÓN

La depresión se ha elevado a proporciones epidémicas en este país. Según un artículo de *USA Today*, un estudio publicado por el *Journal of the American Medical Association* mostró que el porcentaje de estadounidenses que estaban en tratamiento por depresión aumentó más del doble durante el periodo de diez años comprendido entre 1987 y 1997, donde el número de individuos bajo tratamiento se incrementó a 6.3 millones.[12] Las mujeres parecen ser más susceptibles a la depresión que los hombres,[13] tal vez porque se considera a las mujeres como más *emocionales*, o quizás exista alguna relación con las hormonas reproductivas femeninas. En todo caso, los estudios científicos muestran que tomando aminoácidos específicos para restaurar el cerebro, se puede aliviar la depresión.

Las emociones juegan un rol en esta condición devastadora, que conduce al agotamiento. Los orígenes subyacentes de la depresión son enojo reprimido o agresión dirigida hacia dentro, gran pérdida e incapacidad de expresar angustia, y conducta emocional negativa a menudo aprendida en la infancia para controlar relaciones. También puede haber depresión inducida por medicamentos, porque las drogas recetadas provocan deficiencias de nutrientes. La deficiencia de aminoácidos se produce cuando hay estrés prolongado e intenso. Esto crea un desequilibrio bioquímico con deficiencia de nutrientes.

A continuación hay una lista de diez signos de alerta de enojo. Si se identifica con alguno de estos signos, el enojo podría estar jugando un rol importante en su salud emocional y física.

DIEZ SIGNOS DE ALERTA DE ENOJO

Marque con una tilde las casillas que reconoce como áreas en que necesita mayor equilibrio.

- ❏ Demasiado crítica
- ❏ Baja autoestima
- ❏ Padres divorciados
- ❏ Incapacidad de acercarse a la gente
- ❏ Demasiado controladora
- ❏ Culpar a otros por los errores
- ❏ Desconfiada
- ❏ Contenciosa
- ❏ Reacciones exageradas
- ❏ Indiferencia o falta de apoyo por parte de los padres

El perdón es el antídoto para el enojo. Literalmente corta el circuito de una cascada de hormonas de estrés que aceleran la frecuencia del corazón, paralizan el sistema inmune, y favorecen la formación de coágulos. En cambio, no perdonar y aferrarse al enojo ¡aumenta cinco veces las posibilidades de un ataque al corazón! También incrementa el riesgo de cáncer, presión sanguínea alta, colesterol alto, y un gran número de enfermedades crónicas.

El perdón es una decisión que usted debe tomar. Debe decidir rendir conscientemente sus sentimientos de enojo y falta de perdón. Perdonar no significa necesariamente olvidar. Es irreal pensar que una persona pueda olvidar una injusticia, una herida, o una lastimadura que le ocasionó alguien que amaba. Usted tiene memoria, y el recuerdo siempre estará con usted. Perdonar es soltar el enojo y el sufrimiento ligado al mismo y seguir adelante con su vida.

Según un estudio realizado en el Orlando Hospital de Florida, el perdón disminuye la presión sanguínea. Un grupo de pacientes hipertensos realizó un programa de entrenamiento sobre el perdón durante ocho semanas, conducido por el director de investigaciones Dick Tibbits. Los pacientes que hicieron el entrenamiento tenían presión sanguínea más baja que el grupo de control que no lo realizó. Las reducciones más dramáticas en presión sanguínea se presentaron en gente que comenzó el programa con muchos motivos de enojo.[14]

RECONOCER LA DEPRESIÓN

Se considera que una mujer está deprimida si exhibe al menos cuatro de los síntomas mencionados abajo casi todos los días durante al menos dos semanas. La depresión clínica es muy distinta de las emociones que son parte integral de la experiencia humana, tales como tristeza, enojo, temor y culpa. De acuerdo con el National Institute of Mental Health (Instituto Nacional de Salud Mental) en el año 2001, una depresión leve crónica afecta aproximadamente a 3.3 millones de adultos en un año dado.[15]

→ Fatiga y falta de energía
→ Insomnio o incremento del sueño
→ Sentimientos de inutilidad, autoreproche, o culpa excesiva e inapropiada
→ Falta de interés o placer en actividades usuales, o disminución del deseo sexual.
→ Disminución de la capacidad de pensamiento y concentración, o indecisión
→ Pensamientos recurrentes de muerte o suicidio, o intentos de suicidio
→ Agitación o lentitud en sus movimientos
→ Poco apetito y pérdida de peso significativa o incremento del apetito y aumento significativo de peso

Sobreponerse a la depresión

Muchas mujeres han experimentado "la depre" en algún punto de sus vidas. Quizás fue la depresión posparto, o quizás vino después de la muerte de un ser amado, pérdida de un trabajo, o incluso la muerte de una mascota querida. Estos días, el sólo leer el diario o escuchar un programa de noticias puede hacernos caer en picada. Pero por lo general, nuestra angustia se disipa y nuestro ánimo se relaja con el tiempo, permitiéndonos continuar nuestra vida.

Pero la verdadera depresión no es una condición temporal. Es mucho más seria y penetra nuestra alma. Es una aflicción poderosa que nos puede dejar totalmente debilitadas, incapaces de afrontar las responsabilidades cotidianas, de sostener relaciones, o mantener un trabajo. Es una enfermedad del cuerpo entero con síntomas de largo alcance que pueden dañar nuestro estado físico y emocional.

Los investigadores han descubierto que varios neurotransmisores o mensajeros químicos, incluyendo la serotonina, la dopamina, y la norepinefrina regulan nuestros estados de ánimo y nos mantienen alegres. Las mujeres deprimidas tienden a tener niveles más bajos de serotonina, norepinefrina y dopamina. Esto puede explicar el surgimiento de la depresión endógena, que no viene de ningún lado, parece prolongarse para siempre, y arruina la vida de muchas.

La depresión tiende a venir de familia, pero se han hecho muchas investigaciones para buscar las causas psicológicas o ambientales. El estrés implacable, el enojo y la desesperanza, a menudo, son considerados como precursores de la depresión. Las deficiencias nutricionales, desórdenes tiroideos, alergias, dolor crónico, y desequilibrios hormonales también pueden desempeñar un rol.

Existen soluciones naturales para el problema de la depresión. Debe comenzar por eliminar tres sustancias de su dieta: alcohol, el cual es un depresivo; la cafeína, que puede dejarla física y mentalmente agotada; y el azúcar. Después de darle un arranque de energía, el azúcar provoca un brusco descenso, que la dejará cansada y deprimida. (Para ver mi protocolo para la depresión, diríjase al capítulo once.)

SU ESPÍRITU: ALCANZAR EL EQUILIBRIO ESPIRITUAL

En este libro descubrirá que lograr el equilibrio en su vida requerirá de su parte un compromiso para buscar dicho equilibrio en su vida física, su vida emocional y su vida espiritual. Si solamente trata las cuestiones físicas de su vida, habrá pasado por alto la esencia o raíz de muchas de las dificultades físicas que está enfrentando. ¿Puede usted vivir una vida verdaderamente equilibrada? Creo que sí, pero debe tener la disposición y el deseo de hacerlo. Debe hacer el trabajo... debe encontrar las herramientas que le brinden el equilibrio adecuado en todas las áreas de su vida. Quizás es la tarea más difícil que haya emprendido. Examinar lo profundo de su interior requiere mucho valor. Ahí entra Dios y la sostiene mientras usted avanza hacia lo profundo. Con su ayuda, el proceso de lograr el equilibrio se acelera. Por lo cual, la oración y una relación íntima con su Creador son imperativas. Entonces experimentará la vida como Dios quiso que fuera, porque usted será todo aquello para lo cual Dios la creó.

La raíz de muchas de las dolencias físicas que provocan desequilibrio en nuestras vidas se halla en lo profundo de nuestros corazones y emociones. La Biblia nos dice que "lo que sale de la boca viene del corazón" (Mt 15:18, NVI). Otro versículo amplía ese pensamiento diciendo: "Porque cual es su pensamiento en su corazón, tal es él (Pr 23:7). En su libro clásico *As a Man Thinketh* (Cómo el hombre piensa), James Allen afirma:

> La salud y la enfermedad, al igual que las circunstancias, tienen su raíz en los pensamientos. Los pensamientos enfermizos se expresan a través de un cuerpo enfermo. Se ha sabido que los pensamientos de temor matan a un hombre tan rápido como una bala, y continuamente matan a miles de personas, tal vez no tan rápido, pero sí con igual efectividad. La gente que vive con temor a las enfermedades es la gente que las contrae. La ansiedad rápidamente debilita el cuerpo, y lo deja expuesto a

la enfermedad; mientras que los pensamientos impuros, aunque no tengan un origen físico, pronto destruirán el sistema nervioso.[16]

En lo que respecta a su salud, sus pensamientos son una clave para el equilibrio. A medida que permita que sus pensamientos se enfoquen en su Creador, controlándolos cuidadosamente todos los días, avanzará hacia el equilibrio emocional y espiritual y, finalmente, el equilibrio físico en su vida.

Las investigaciones han mostrado uno de los mayores milagros de sanidad de todos los tiempos: el equilibrio espiritual en su vida. Más de trescientos estudios confirman que la gente de fe es más saludable que la no creyente y tiene menos probabilidades de morir prematuramente de cualquier causa. Tener fe también puede acelerar la recuperación de una enfermedad física o mental, cirugía y adicción.

Según el Dr. Dale A. Matthews, profesor adjunto de medicina de la Facultad de Medicina de la Universidad de Georgetown en Washington DC y autor de *The Faith Factor* (El factor fe), el cuerpo responde positivamente a la fe.[17] Si practica su fe regularmente, la presión sanguínea y el número de pulsaciones tienden a ser más bajos, el consumo del oxígeno mejora, los patrones de ondas cerebrales se hacen más lentos, y la función inmune se optimiza.[18]

Ahora puede ver lo importante que es concentrar sus esfuerzos para lograr el equilibrio en la relación con su Creador: su fe en su Dios.

EQUILIBRAR SU VIDA: CUERPO, MENTE Y ESPÍRITU

En las páginas finales de este primer capítulo, le suministro una herramienta que voy a denominar Hoja de Trabajo para Lograr el Equilibrio, que la ayudará a comenzar a reconocer las áreas de su vida donde necesita establecer algunas metas para lograr el equilibrio. A medida que sigue leyendo los próximos capítulos, vuelva a esta hoja de trabajo cuando encuentre pasos que pueda dar para traer equilibrio a su vida.

HOJA DE TRABAJO PARA LOGRAR EL EQUILIBRIO

A continuación, coloque números del 1 al 6 en las líneas, poniendo 1 donde siente que su vida goza de mayor equilibrio, y 6 donde siente que existe el mayor desequilibrio:

_____ Trabajo
_____ Diversión
_____ Amistades
_____ Familia
_____ Amor
_____ Adoración

¿Está su vida fuera de equilibrio?

1. ¿Dónde pasa la mayor parte de su tiempo?
    _____

2. ¿Dónde pasa demasiado poco tiempo?
    _____

3. Para equilibrar su vida, ¿en qué áreas necesita centrarse?
    _____

4. ¿Qué acción llevaría a cabo para restablecer el equilibrio en las áreas más importantes de su vida?
    _____

EQUILIBRAR MI CUERPO

¿A qué áreas nutricionales de mi vida necesito traer mayor equilibrio?

_____
_____
_____

¿Cómo puedo hacer para que el ejercicio sea una parte regular de mi vida cotidiana? Es crucial para el bienestar físico y emocional.

¿Forma de ejercicio? _____
¿Cuántas veces por semana? _____
¿Por cuánto tiempo? _____
¿Ejercicio aeróbico? _____
¿Entrenamiento con pesas? _____

Para recuperarme del estrés, voy a:

____ Vigilar mi ingesta de azúcar.

___ Limitar o eliminar la cafeína.

___ Eliminar el alcohol.

___ Comer alimentos integrales enteros y orgánicos y alimentos mínimamente procesados.

___ Tomar suplementos dietarios que optimicen el funcionamiento corporal y cerebral diariamente.

EQUILIBRAR MIS EMOCIONES

Es importante perdonar y soltar toda herida y sentimiento de sufrimiento. Vaya marcando la siguiente lista de relaciones que han estado afectando su salud emocional. Después nombre la emoción vinculada con esa relación.

Relación	Emoción
Madre	
Padre	
Hermano	
Hermana	
Esposa	
Esposo	
Jefe	
Compañero de trabajo	
Hijo o hija	

En cada caso donde haya marcado un problema de relación, debe haber un esfuerzo consciente de su parte para tratar la herida, para perdonar o pedir perdón y, finalmente, sanar la relación. Entonces, suéltelo de una vez y para siempre. Sólo entonces podrá avanzar.

Relájese... ¡Lo merece! Aparte un tiempo diario para relajarse. Haga de las siguientes técnicas una parte de su vida cotidiana. Debe dedicar tiempo a relajarse, de lo contrario permanecerá tensa o irritable. Durante el relax, el cuerpo se repara, se libera del estrés, y se reconstruye.

Para relajarme, voy a:

____ Hacerme masajes una vez por semana.

____ Tomar un baño tibio con aromaterapia.

____ Relajarme con un buen libro.

____ Dar una caminata relajante.

____ Orar o meditar.

____ Practicar respiración profunda o la técnica del MANTO cada noche antes de dormir (vea el capítulo 10).

____ Escuchar música relajante.

EQUILIBRAR MI ESPÍRITU

Para equilibrar mi espíritu, voy a:

____ Amar incondicionalmente.

____ Perdonar.

____ Usar la fe para echar fuera el temor.

____ Orar.

____ Solamente leer materiales que elevan el espíritu

Fuera lo viejo: que venga lo nuevo

¡Tome el control de su vida! Elimine las cosas que no funcionan, y concéntrese en lo que sí da resultado. Esto la ayudará a erradicar la frustración y el estrés. ¡Es liberador!

Cosas que dan resultado:

Vida personal	*Negocios*

Cosas que no dan resultado:

Vida personal	*Negocios*

CONCLUSIÓN

Ahora que ha completado su autoevaluación inicial de cuerpo, mente y espíritu, está equipada con el conocimiento de las áreas de su vida en las que necesita experimentar mayor equilibrio. Ahora es tiempo de seguir adelante y descubrir los "Diez factores esenciales" para lograr el equilibrio en su vida. Cada uno de ellos será vitalmente importante al comenzar su recorrido hacia un cuerpo equilibrado por naturaleza: física, emocional, y espiritualmente.

No se sienta abrumada con todas las recomendaciones. Sólo vaya a su propio ritmo. Recuerde que éste es *su* viaje hacia una salud equilibrada. No es una carrera. Ya ha ganado por dar el primer paso.

Capítulo 2
EQUILIBRIO NUTRICIONAL

Sería imposible minimizar el rol que juega la buena nutrición en el equilibrio general de la salud y el cuerpo. Los nutrientes que consume cada día, y virtualmente cada bocado de comida que ingiere, le dan energía para hacer su trabajo y brindan a su cuerpo una salud vibrante.

Su cuerpo usa la nutrición para formar, mantener y reparar los tejidos. Los nutrientes capacitan a sus células para transmitir mensajes de un lado a otro para realizar reacciones químicas esenciales que le permiten pensar, ver, oír, oler, saber, moverse, respirar, y eliminar los desechos. La buena nutrición ¿es esencial para el equilibrio corporal y una salud vibrante? ¡Ya lo creo que sí! Pero obtener información confiable sobre nutrición puede ser todo un desafío. En este capítulo me concentraré en el importante rol que la nutrición desempeña en el mantenimiento de la salud de la mujer. La buena nutrición es el fundamento de las células sanas; brinda beneficios antiedad, ayuda a la producción de energía, y protege de la enfermedad. Muchas mujeres no sustentan su cuerpo con nutrientes vivificadores porque están tan ocupadas preocupándose por los demás que no dedican atención a las practicas dietarias cotidianas. Este capítulo la educará a usted sobre cuáles alimentos son mejores para su salud y bienestar personales. Una vez que comience a aplicar estas recomendaciones, será capaz de realizar elecciones alimenticias informadas que a su vez la ayudarán a verse y sentirse joven y, por supuesto, a ser saludable.

Como mujeres, compartimos la misma composición física, pero en lo que se refiere a nuestras necesidades nutricionales específicas, cada una de nosotras es tan individual como la huella del dedo pulgar. Para determinar dichas necesidades individuales se combinan muchos factores, incluyendo:

- La cantidad de estrés que experimenta y el modo en que lo maneja
- La forma en que su agitada vida agota su reserva nutricional
- Sus hábitos alimenticios
- Si es demasiado ácida o demasiado alcalina

¿ÁCIDA O ALCALINA?

En su estado natural, el cuerpo de la mujer es ligeramente alcalino. Para sobrevivir es necesario mantener la alcalinidad. Todas las partes de su cuerpo funcionan en sinergia para evitar que éste se torne demasiado ácido o demasiado alcalino. En la niñez, la mayoría de nosotras somos naturalmente alcalinas. Esto también se aplica a nuestra adolescencia y primeros años de adultez. Para la cuarta década de vida, la mayoría de las mujeres se tornan demasiado ácidas. Esto se debe a nuestra exposición al estrés, mala elección de alimentos, y toxinas ambientales, todas las cuales se hacen sentir. Nuestros *sistemas naturales de amortiguación*, que normalmente están en su lugar en nuestros años más jóvenes, se vuelven menos eficientes con el tiempo. Esto hace que el medio interno se torne más ácido.

Antes de discutir cómo equilibrar su sistema con una nutrición basada en alimentos frescos e integrales, usted debe determinar si es demasiado ácida, lo cual la hace susceptible a muchas dolencias –incluyendo cefaleas, enfermedades crónicas, resfríos y gripe, problemas digestivos, infecciones del tracto urinario, y fatiga crónica.

Las mujeres con equilibrio ácido/alcalino saludable tienen la bendición de gozar de claridad mental, recuperación rápida de enfermedades y heridas, vitalidad, y energía. Una vez que determine si es ácida o alcalina, podrá alimentarse de acuerdo con su tipo de cuerpo. Si está en la categoría de demasiado ácida, la buena noticia es que puede llevar a su sistema a un estado más alcalino comiendo alimentos que revertirán dicha condición con bastante rapidez.

Marque las casillas correspondientes de cada lista:

EVALUACIÓN DE ACIDEZ

❑ ¿Tiene antecedentes de artritis, gota, enfermedad pulmonar, o infecciones urinarias frecuentes?

❑ ¿Es susceptible a las alergias ambientales, acidez, alergias a los alimentos, y erupciones en la piel?

❑ ¿Tiene resfríos, gripe, bronquitis o sinusitis con frecuencia?

❑ ¿Está física y mentalmente cansada después de una hora de trabajar en la oficina?

❑ ¿Se siente más saludable cuando está a dieta vegetariana?

❑ ¿Tiene problemas para tolerar la harina blanca, los cítricos, y el vinagre?

❑ ¿Se siente mal cuando bebe café, alcohol, o bebidas cola?

❑ ¿Se siente con menos energía que de costumbre cuando come carne roja o postres dulces?

EVALUACIÓN DE ALCALINIDAD

❑ ¿Tiene mucha energía en medio de condiciones exigentes?

❑ ¿Se siente radiante y vigorizada después de cenar filete?

❑ ¿Necesita sólo unas pocas horas de sueño cada noche?

❑ ¿Está siempre activa y llena de energía?

❑ ¿Tiende a realizar actividades que implican alto nivel de estrés?

❑   ¿No tiene problemas para digerir una gran variedad de alimentos?

❑   ¿Se siente cansada después de una comida baja en proteínas y alta en carbohidratos?

❑   ¿Es fuerte y de contextura y huesos grandes?

❑   ¿Rara vez se resfría o se enferma de gripe, y está libre de alergias?

Sobre la base de sus respuestas, ahora podrá reconocer los alimentos que contribuyen a su mala calidad de vida y los que equilibran su pH y le devuelven el vigor.

Recomendación de la Dra. Janet:

Si no se pudre o no brota, no lo necesita.

Estos alimentos deberían constituir su plan diario de alimentación. Coma alimentos en el estado más cercano posible a la huerta original. Asegúrese de estar haciendo lo necesario para alcalinizar su cuerpo, especialmente si se ajusta al perfil demasiado ácido. Su cuerpo no tardará en notar la diferencia.

Para que su ingesta nutricional mantenga su cuerpo alcalinizado, haga de los siguientes alimentos el centro de su régimen diario.

- *Legumbres*: frijoles germinados, frijoles colorados, frijoles blancos, frijoles de soja, tofú, garbanzos, frijoles negros
- *Granos*: arroz integral, cebada, avena, centeno, mijo, quinua, sémola de maíz, trigo sarraceno
- *Aves/huevos*: pollo de granja, pato, pavo, yema de huevo, huevos enteros
- *Carne*: sustituir el pescado, mariscos, aves, huevos y tofú por carne roja y cerdo
- *Condimentos*: pimientos picantes, ajo, aceitunas en conserva, carne harina de linaza, kelp
- *Endulzantes:* melaza Blackstrap, miel, jarabe de arroz integral o de arce

- *Vegetales*: calabaza, pimientos dulces, espinaca, zanahorias, calabacín, espárragos, nabos, repollo, brócoli, batata, cebolla, arvejas, apio, maíz, lechuga, hongos, repollitos de Bruselas
- *Fruta no endulzada*: higos, papaya, caqui, dátiles, cantalupo, melón
- *Nueces y semillas*: nueces, almendras, semilla de lino, avellanas, pacana, semillas de amapola, semillas de calabaza, semillas de sésamo, semillas de girasol
- *Bebidas*: agua mineral, agua destilada, té verde o de hierbas; sustituir la "leche" de soja o arroz por leche de vaca. El café y el té son ácidos aunque sean descafeinados.[1]

En la siguiente tabla, he hecho una lista de los alimentos altamente ácidos, moderadamente ácidos y menos ácidos de modo que pueda realizar los cambios necesarios a su dieta diaria para que el pH vuelva a su nivel normal. Recuerde, cuando su cuerpo está saludable y en equilibrio, es ligeramente alcalino con una lectura de entre 7.35 y 7.45. Todo lo que está por debajo de 7.0 se lo considera ácido. Debería adquirir en su farmacia un kit de papel de prueba para medir su alcalinidad. Úselo para hacer una prueba de saliva y orina para obtener una línea base. Entonces controle su progreso a medida que vaya implementando los cambios recomendados en su dieta.

LOS ALIMENTOS Y SU ACIDEZ

Altamente ácidos	Moderadamente ácidos	Menos ácidos	
Jugo de tomate	Cerveza	Agua mineral	Ostiones
Jugo de manzana	Bananas	Café	Bagre
Jugo de naranja	Mangos	Agua destilada	Sardinas
Vino	Peras	Leche	Cangrejo
Jugo de lima	Duraznos	Higos	Camarones

Jugo de limón	Cerezas	Aguacate	Melaza
Refresco de jengibre (Ginger ale)	Habichuelas verdes	Melón	Cacao
Sidra de manzana	Berenjena	Dátiles	Miel
Jugo de ciruela pasa	Tomates	Papaya	Cacao holandés
Arándano	Salchicha	Pimientos	Jarabe
Pepinos	Queso fresco	Espinaca	Pan blanco
Yogur		Manteca	Trigo
Frutillas		Brócoli	Arroz
Mora		Ajo	Cebada
Variedad de arándano		Cebolla	Avena
Uva pasa		Arvejas	Centeno
Piña		Apio	Quinua
Jaleas		Mayoría de los quesos	Amaranto
Toronja		Maíz	Maíz pelado
Manzanas		Hongos	Mayoría de los frijoles
Ciruelas		Coliflor	Frijoles blancos
Naranjas		Papa blanca	Frijoles de soja
Limas		Espárragos	Nueces
Limones		Lechuga	Almendras
Vinagre		Pollo	Semillas de calabaza
Pickles		Pato	Semillas de sésamo
Mayonesa		Yema de huevo	Lino
		Semillas de girasol	

Si usted es demasiado ácida, se sentirá mejor si consume más carbohidratos en su dieta diaria. Si tiene altos niveles de alcalinidad, se sentirá mejor si su dieta contiene más proteínas.

CARNE MAGRA, AVES Y PESCADO

Si usted es una productora de altos niveles de alcalinidad, necesita consumir varias porciones de 4 onzas (aprox. 110 gr) de carne magra, aves, y pescado todos los días para sentirse óptima. Trate de hacer la mejor de sus elecciones de aves sin piel y pescado. Si tiende a ser demasiado ácida, la mayor parte de sus proteínas debería provenir de una combinación de granos enteros y legumbres, con una ración ocasional de salmón o carne de aves sin piel. Limite siempre la carne roja o el cerdo a dos raciones por mes. Recomiendo pescado y aves para ambos tipos metabólicos porque son bajos en grasas no saturadas malas para la salud. Lo que es más importante, contienen un espectro completo de aminoácidos esenciales necesarios para elaborar la proteína y son excelentes fuentes de vitaminas E, D y A. Las fuentes de carne de aves incluyen pavo, pato, ganso, y pollo de granja. El pescado incluye trucha, perca, y lubina, los cuales aportan ácidos grasos omega 3 que combaten la inflamación y reducen sus posibilidades de sufrir una apoplejía. Los pescados de mar incluyen atún, lenguado, pargo, pez espada, y salmón, que también son ricos en aceites omega 3.

VEGETALES

Considero que los vegetales son los *constructores del cuerpo*. Son una excelente forma de recibir su aporte diario de nutrientes. La mayoría de los vegetales registran un nivel bajo en la escala de acidez. Son una muy buena opción para las mujeres de ambos lados de la escala de pH. Las verduras aportan el máximo valor nutricional cuando se comen crudas. Pero muchas mujeres se quejan de hinchazón estomacal e intestinal cuando los consumen crudas. Esto puede aliviarse simplemente agregando un suplemento de enzimas digestivas de origen vegetal como mencionamos anteriormente en el capítulo uno. A la hora de elegir los vegetales para su dieta, busque la mayor variedad posible de colores, porque cada color le brinda beneficios nutricionales aún mayores. Por ejemplo, los vegetales verdes como la espinaca y la col rizada ayudan a sobrellevar el estrés. Las zanahorias y batatas la ayudan a mejorar su resistencia a las alergias y a manejar el síndrome premenstrual (SPM) y el flujo menstrual excesivo. Las cebollas, el ajo, los hongos, y el jengibre pueden disminuir e incluso impedir el crecimiento de tumores. Atrévase y pruebe verduras que nunca haya comido antes, y recuerde que cuando lo haga, ¡seguramente tendrá beneficios para su salud!

FRUTAS

Las *frutas* son la forma que la naturaleza tiene de sonreír. Algunos se han referido a ellas como "las golosinas de la naturaleza". Son maravillosas limpiadoras del sistema. Tienen naturalmente un alto contenido de agua y azúcar que acelera su metabolismo para eliminar rápidamente los desechos.

La fruta fresca tiene un efecto alcalinizante en el cuerpo y es sumamente alta en vitaminas y nutrientes. La buena noticia aquí es que los azúcares naturales de la fruta se transforman fácilmente en energía

Recomendación de la Dra. Janet:

Si es demasiado ácida, o si sufre de sobrecrecimiento de la levadura candida, hipoglucemia, fatiga crónica, o triglicéridos altos, limite sus porciones de fruta a una o dos por día.

rápida y que no engorda, la cual acelera su metabolismo. ¡Esto sólo se aplica a las frutas frescas! Al cocinarla, la alcalinidad de la fruta se transforma en ácido en su cuerpo. Las frutas frescas deberían comerse antes del mediodía para lograr una mejor conversión de energía y beneficios de limpieza.

Las frutas le ofrecen una maravillosa fuente de potasio, calcio, magnesio, y vitamina A. La vitamina A cumple un rol muy importante en la prevención de muchos tipos de cáncer y protege contra episodios cardiovasculares tales como apoplejía e infarto. También es muy importante para la visión clara y la inmunidad fuerte. El potasio ayuda a regular el equilibrio de los fluidos de su cuerpo. Las mujeres con bajos niveles de potasio suelen tener poca resistencia y se fatigan con facilidad. Si usted se ubica en la categoría demasiado ácida, le recomiendo que evite los cítricos y elija frutas menos ácidas tales como bananas, melón, y mangos. Debería tratar de ingerir entre tres y cinco raciones por día.

JUGOS

A esta altura, estoy segura de que habrá oído hablar de los jugos y lo beneficiosos que son para su cuerpo. Gracias a "Juiceman"[a], millones de estadounidenses han oído acerca de ellos y de la increíble cantidad de nutrientes que aportan al cuerpo. ¿Por qué estos jugos fomentan la salud? Porque los jugos extraídos de frutas y verduras frescas crudas proporcionan a las células del cuerpo los elementos que ellas necesitan de una forma fácilmente asimilable.

Los jugos de frutas son los limpiadores de nuestro cuerpo, y los de vegetales los fortalecedores y regeneradores de nuestros sistemas. Los jugos de verduras contienen todos los minerales, sales, aminoácidos, enzimas, y vitaminas que requiere el cuerpo humano. Por eso es que tanto los jugos de frutas como los de verduras son tan importantes en una transformación del sistema inmune para el equilibramiento del cuerpo.

Otro beneficio importante de agregar jugos a su plan de equilibramiento corporal es que éstos son digeridos y asimilados entre diez y quince minutos a partir de su consumo, y el cuerpo los usa casi por completo para nutrir y regenerar células, tejidos, glándulas y órganos. El resultado final es muy positivo por el mínimo esfuerzo requerido por el sistema digestivo.

Una de las cosas más importantes para recordar acerca de los jugos es que debe beberlos siempre frescos todos los días. En ese momento están en el punto más alto de su valor nutricional. Además, los jugos frescos se echan a perder rápidamente, por lo que es mejor prepararlo a diario. Aparte de esto, si está enferma o tiene antecedentes de dificultades digestivas, asegúrese de diluirlo con agua en una mezcla de 50/50. De esta forma prevendrá cualquier hinchazón, gas, o molestia que pueda experimentar al incorporar toda esta nutrición líquida a su cuerpo.

Como regla general, 1 pinta (aproximadamente ½ litro) diaria es la cantidad mínima necesaria para obtener algún resultado. Mientras recuperaba la salud, bebía 2 a 3 pintas por día. He incluido algunas de las mismas recetas de jugos que usé personalmente y otras que he recomendado a mis clientas para varias condiciones de salud secundarias. Beba jugos de fruta en horarios distintos a los que bebe jugos de vegetales, para prevenir problemas estomacales.[2]

Los jugos de frutas y verduras son beneficiosos para muchas condiciones y dolencias que se presentan como resultado del desequilibrio del cuerpo. Pruebe la combinación de frutas y verduras recomendadas a continuación para diversas condiciones y afecciones. Las frutas y vegetales utilizados se muestran con el fin de ayudar a su cuerpo a encontrar alivio y sanidad de cada afección.

JUGOS PARA EL EQUILIBRIO TOTAL DEL CUERPO

Es importante lavar las frutas y verduras en diez gotas de extracto de semilla de toronja en un recipiente con agua antes de licuar. El extracto de semilla de toronja es un desinfectante que mata las levaduras, el moho y los hongos. Asegúrese de frotar la fruta y la verdura con un cepillo para ayudar a eliminar todo resto de pesticida.

(Nota: existen fórmulas distintas para jugos terapéuticos para cada afección.)

Artritis –elija uno o más de los siguientes jugos:
- → Apio
- → Toronja
- → Zanahoria y espinaca
- → Zanahoria y apio

Anemia –elija uno o más de los siguientes jugos:
→ Zanahoria, apio, perejil y espinaca
→ Zanahoria y espinaca

Problemas de vejiga –elija uno o más de los siguientes jugos:
→ Zanahoria y espinaca
→ Zanahoria, remolacha y pepino
→ Zanahoria, apio y perejil

Bronquitis –elija uno o más de los siguientes jugos:
→ Zanahoria y espinaca
→ Zanahoria y diente de león
→ Zanahoria, remolacha y pepino

Resfríos –elija uno o más de los siguientes jugos:
→ Zanahoria, remolacha y pepino
→ Zanahoria, apio y rábanos
→ Zanahoria y espinaca

Constipación –elija uno o más de los siguientes jugos:
→ Espinaca
→ Zanahoria
→ Zanahoria y espinaca

Fatiga –elija uno o más de los siguientes jugos:
→ Zanahoria
→ Zanahoria y espinaca
→ Zanahoria, remolacha y pepino

Fiebre –elija uno o más de los siguientes jugos:
→ Toronja
→ Limón
→ Naranja

Vesícula biliar y cálculos –elija uno o más de los siguientes jugos:
→ Zanahoria, remolacha y pepino
→ Zanahoria y espinaca
→ Zanahoria, apio y perejil

Cefaleas –elija uno o más de los siguientes jugos:
→ Zanahoria y espinaca
→ Zanahoria, apio, perejil y espinaca
→ Zanahoria, lechuga y espinaca

Insomnio –elija uno o más de los siguientes jugos:

→ Zanahoria y espinaca
→ Zanahoria y apio
→ Zanahoria, remolacha y pepino

Problemas de hígado –elija uno o más de los siguientes jugos:
→ Zanahoria
→ Zanahoria, remolacha y pepino
→ Zanahoria y espinaca

Síntomas menopáusicos –elija uno o más de los siguientes jugos:
→ Zanahoria y espinaca
→ Zanahoria, remolacha, lechuga y nabo

Tensión nerviosa –elija uno o más de los siguientes jugos:
→ Zanahoria y espinaca
→ Zanahoria y apio
→ Zanahoria, remolacha y pepino

Ciática –elija uno o más de los siguientes jugos:
→ Zanahoria y espinaca
→ Zanahoria, espinaca, nabo y berro

Problemas de senos nasales –elija uno o más de los siguientes jugos:
→ Zanahoria
→ Zanahoria y espinaca
→ Zanahoria, remolacha, y pepino

Úlceras –elija uno o más de los siguientes jugos:
→ Col
→ Zanahoria y espinaca
→ Zanahoria, remolacha y pepino[3]

GRASAS

Los ácidos grasos brindan protección a su cuerpo. Protegen sus huesos y sus articulaciones; mantienen la función y el desarrollo de sus glándulas suprarrenales, su oído interno, sus ojos, y su tracto reproductivo. Ayudan a reducir la inflamación. Son esenciales para la producción de energía, ayudan a regular las funciones hormonales y metabólicas vitales para la salud circulatoria, y son componentes importantes de todas las membranas celulares. La siguiente tabla le da los ácidos grasos esenciales (AGEs) que debe incluir en su dieta.

ÁCIDOS GRASOS ESENCIALES (AGEs)
→   Ácido linolénico
→   Ácido gamma-linolénico (AGL)
→   Ácido araquidónico

GRANOS

Una dieta saludable contiene tres o más raciones de granos integrales por día. Si produce altos niveles de alcalinidad, debería limitar su ingesta de granos y obtener la fibra de frutas y vegetales.

Los granos enteros como la avena, el centeno, el mijo, el amaranto, la quinua, la cebada, los panes y pasta integrales, y el alforfón aportan fibra, proteína, carbohidratos, grasas, abundancia de minerales, vitaminas del complejo B, y otras vitaminas y lignanos, que ayudan con muchos problemas reproductivos.

Los granos integrales pueden ayudar a bajar el colesterol total adhiriéndose al mismo y ayudando a eliminarlo de su cuerpo. El mijo, particularmente, es útil para alcalizar el estómago y es aceptable para las mujeres que tienen alergia al trigo y sobrecrecimiento de levadura. La quinua es libre de gluten. La avena está compuesta por granos de excelente fibra que ayudan a bajar el colesterol y facilitan la regularidad. El alforfón es un grano que *no contiene trigo*. La cebada es una harina baja en gluten con un sabor malteado dulce.

El amaranto es una antigua semilla azteca con forma de grano que contiene proteínas de alta calidad. Es compatible con la dieta para el control del sobrecrecimiento de levadura. Los granos integrales también nos sirven de mucho a nosotras como mujeres porque la fibra que contienen se adhiere al estrógeno que el cuerpo está tratando de desechar asegurándose de que se elimine. Además, los carbohidratos complejos que se encuentran en los granos enteros estabilizan los niveles de serotonina, la que a su vez la ayuda a calmarse y relajarse.

LEGUMBRES

Si es demasiado ácida, ahora ya sabe que debe reducir el consumo de proteína animal. Una excelente fuente de legumbres incluye frijoles blancos, frijoles pintos, garbanzos, frijoles blancos, lentejas, arvejas y frijoles de soja. Todos son una maravillosa fuente de fibra y carbohidratos complejos. Cuando agrega granos enteros, crea el mismo equilibrio de aminoácidos equivalente a la proteína. Esto es una buena noticia para la mujer demasiado ácida que intenta cambiar su pH interno a favor de la alcalinidad. Las legumbres son una fuente rica en vitaminas B. Si las combina con granos enteros y verduras de hoja, se está asegurando que su cuerpo está recibiendo ácidos grasos esenciales para combatir la inflamación.

El tofú, los frijoles de soja, y la leche de soja son fuentes de isoflavonas, las cuales son estrógenos débiles (de origen vegetal) que pueden ser una gran bendición durante la perimenopausia, porque le quitan ventaja a la dominancia de estrógeno que ocurre tan a menudo. Durante la menopausia en sí, las isoflavonas en efecto pueden aumentar la cantidad de estrógeno que el cuerpo sigue produciendo. Los estudios sobre isoflavonas han mostrado que ayuda a disminuir el colesterol y que es alimento saludable para el corazón. Las investigaciones han vinculado a la ingesta elevada de alimentos a base de frijoles de soja con la menor incidencia de cáncer de mama en las mujeres. Cuando se lo combina con granos enteros, el tofú da como resultado una proteína completa. Aporta la riqueza de lo lácteo sin la grasa del colesterol.

NUECES Y SEMILLAS

Las nueces y semillas son pequeños depósitos de nutrición completos con ácidos grasos omega-3 y omega-6, vitaminas del complejo B, y una plétora de minerales. Algo realmente maravilloso de ellas es que ayudan a mantener la piel suave y húmeda. ¡Esto incluye la mucosa vaginal y de la vejiga durante la transición perimenopáusica/menopáusica y más allá!

Almendras, pacanas, nueces, semillas de girasol, semillas de calabaza, semillas de sésamo, y semillas de lino, todas le brindan generosos beneficios. Yo las espolvoreo en ensaladas y cereales integrales. ¡También resultan excelentes para acompañar las ensaladas de frutas! Trate de comer ¼ de taza de semillas o nueces varias veces por semana.

AGUA

Muchas mujeres sufren de dolores y achaques, constipación, erupciones cutáneas, y fatiga. Quizás le resulte difícil creerlo, pero la falta de agua suele estar detrás de estas molestias comunes. Nuestra sociedad consume café por galones y refrescos y té helado por litros. Para algunas personas, el agua sola es sencillamente aburrida. En su primera visita, muchas clientas me informaron que no bebían agua, pero se aseguraban de beber la suficiente cantidad de líquidos por día. Les pedí que me dijeran a qué líquidos se referían. Adivinó: ¡té helado, café, jugos concentrados y refrescos! Con frecuencia veía clientas que ingerían todos los días grandes cantidades de suplementos vitamínicos con un vaso de té helado o gaseosa. No es de extrañar que estas mujeres estuvieran teniendo problemas.

El agua compone desde el 65 hasta el 75 por ciento de nuestro cuerpo. Ocupa el segundo lugar sólo después del oxígeno para nuestra supervivencia. El agua ayuda a eliminar desechos y toxinas, regula la temperatura corporal, y actúa como amortiguadora para articulaciones, huesos y músculos. Limpia el cuerpo de adentro hacia fuera. Transporta nutrientes, proteínas, vitaminas, minerales y azúcares para su asimilación. Cuando bebe suficiente agua, su cuerpo funciona al máximo. Muchas de mis clientas que tenían problemas de retención de líquidos, edema, e hinchazón, sencillamente no estaban bebiendo suficiente agua. Una vez que comenzaron a hacerlo, estos síntomas mejoraron. Si está tratando de bajar de peso, debería saber que beber suficiente agua reduce el hambre.

Para mantener el funcionamiento adecuado de su sistema, debe comenzar a beber agua buena y pura todos los días. Se recomienda una cantidad de seis a ocho vasos por día. Si esto le parece mucho, empiece poco a poco. Agregue una rodaja de limón fresco, y el beneficio de limpieza será aún mayor. Además, un toque de sabor a limón hace que resulte fácil beber más. Esto siempre les dio resultado a mis clientas que creían que no podrían aumentar la ingesta de agua. Ahora veo a estas mujeres recuperadas con una botella de agua en la mano. Esto prueba que ahora saben lo bien que se sienten solamente por beber suficiente agua. Están tan convencidas que la llevan consigo.

Ahora que entiende los beneficios de beber agua para la salud, la siguiente pregunta es ésta: ¿qué clase de agua debería beber? Es una buena pregunta puesto que en su mayoría el agua del grifo viene clorada y fluorada o tratada a punto de ser irritante para el sistema. Muchos químicos tóxicos han llegado a las aguas subterráneas, agregando aún más contaminantes al suministro de agua. Esta preocupación creciente respecto de la pureza del agua ha conducido a la gigantesca industria del agua envasada. Hoy en día, los almacenes tienen góndolas enteras dedicadas al agua envasada.

Para aclarar cualquier confusión, repasemos los distintos tipos de agua. Primero, tenemos agua mineral, que la mayoría de las veces viene de un manantial natural que contiene minerales naturales y un sabor que varía de un manantial a otro. Estos minerales que se encuentran naturalmente en esta clase de agua ayudan a la digestión y a la función intestinal. Hace mucho tiempo que los europeos saben de los beneficios del agua mineral embotellada.

Después, tenemos el agua destilada. Quizás conozca a alguien que cree que beber agua destilada es la única forma. No estoy de acuerdo. Es cierto que probablemente el agua destilada sea la más pura que existe, pero está desmineralizada. Creo que beber agua desmineralizada no es lo ideal a largo plazo. Creo que los minerales naturales del agua son necesarios. Mientras que la destilada es buena para limpiar y desintoxicar, no creo que brinde un buen aporte, porque carece de minerales. Si está en un programa de desintoxicación o haciendo quimioterapia, el agua destilada es excelente para eliminar desechos y toxinas. Pero después de terminar con la desintoxicación o la quimioterapia, vuelva a una buena agua mineral o de manantial para asegurar la correcta actividad de los minerales.

El agua mineral gasificada es otra opción que viene del carbonatado natural en manantiales subterráneos. La mayoría de las marcas aumentan el carbonatado artificialmente con CO_2 para mantener la efervescencia por más tiempo. Muchas personas disfrutan tomando agua gasificada después de cenar, porque ayuda a la digestión.

Un agua envasada que ha dado en llamarse el agua "de la próxima generación" es Penta, es el agua para beber purificada más limpia que se conoce. Beba agua Penta para una máxima hidratación. El proceso de purificación de once horas y trece pasos elimina las impurezas que se hallan incluso en los manantiales de montaña más saludables. Los estudios muestran que el agua Penta abandona el estómago rápidamente, mejora el rendimiento físico, aumenta la eficiencia muscular, y disuelve más rápidamente el principal ingrediente de los cálculos renales. El sabor puro y fresco de Penta, y la sensación de juventud y mayor energía que experimenta al estar eficazmente hidratada la convertirán en una firme creyente de la ultra hidratación.[4]

Hoy en día podrá ver filtros de agua que se pueden instalar en la llave del fregadero que eliminan impurezas a medida que el agua sale por la llave. Quizás también haya visto las jarras que contienen filtros para purificar el agua a medida que las llenas. Siento que estos inventos son muy necesarios para ayudar a mejorar la calidad del agua que consumimos. En mi opinión, ambas opciones son aceptables para el desarrollo de la salud.

Cualquiera sea el tipo de agua que elija, lo más importante para recordar es que debe prestar atención a su cuota diaria de agua todos los días. La sed no es una señal confiable de que su cuerpo necesita agua. Fácilmente se puede perder un cuarto de galón de agua (aprox. 1 litro) o más durante la actividad antes de que llegue a sentir sed. Asimismo, recuerde que la cafeína y el alcohol son diuréticos, por lo que incrementan la necesidad de agua del cuerpo. Si consume cafeína o alcohol, por favor asegúrese de beber suficiente agua para compensar. En términos ideales, la cafeína y el alcohol no son adecuados para un programa de desarrollo de la salud.

¿ESTÁ BEBIENDO SUFICIENTE AGUA?

Signos de deshidratación:
- → Cefaleas, mareos y fatiga inexplicables
- → Piel inusualmente seca
- → Pérdida de apetito acompañada de constipación
- → Aumento de peso acompañado de inflamación en manos y pies
- → Dolor sordo en la espalda que no se alivia con descanso
- → Empeoramiento de los síntomas de PVM (prolapso de válvula mitral)
- → Irritabilidad, impotencia, inquietud, y dificultad para dormir inexplicable

Haga un simple examen de orina: si el color de la orina es amarillo oscuro, empiece a beber más agua. Sabrá que está hidratada adecuadamente cuando su orina sea de un color paja pálido.

SABIDURÍA HÍDRICA

Para ayudarla a concienciarse sobre la filtración del agua, a continuación encontrará una tabla que la convertirá en una autoridad en la materia.

Tipo de filtro: Destilación

→ **Costo:** $800–$4,500 sistema hogareño
$100–$1,000 modelo para encimera
$600–$1,100 unidad de pie

→ **Cómo funciona:** Hierve el agua, quitando los contaminantes. Este vapor de agua purificada se condensa en forma líquida.

→ **Qué reduce:** cromo, plomo, nitratos, sulfato, giardia, arsénico, cadmio.

Tipo de filtro: Ósmosis inversa (conocida como agua "RO", sigla para "Reverse Osmosis" en inglés)

→ **Costo:** $150–$200 modelo para encimera
$600–$1,500 modelo bajo encimera

→ **Cómo funciona:** El agua pasa a presión a través de una membrana purificadora que elimina los contaminantes; el agua purificada va a un tanque de almacenamiento temporal.

→ **Qué reduce:** radio, cromo, hierro, cadmio, color, cloro, plomo, giardia, sulfato.

Tipo de filtro: Filtro por carbón

→ **Costo:** $25–$30 modelo para grifo
$350–en adelante modelo bajo encimera

→ **Cómo funciona:** El agua pasa a través de un bloque de carbón, que atrapa los contaminantes. Los filtros deben reemplazarse periódicamente.

→ **Qué reduce:** cloro, olores, químicos, pesticidas, mal sabor.

Tipo de filtro: Ablandador de agua

→ **Costo:** $1,000–$3,500

→ **Cómo funciona:** Usa sodio (sal gema o de grano) para "ablandar" el agua.

→ **Qué reduce:** calcio, radio y hierro.[5]

LADRONES DE LA SALUD ALIMENTARIA

Sería una negligencia de mi parte no mencionar los que siento que son los mayores ladrones de la salud alimentaria de nuestro tiempo. Los siguientes alimentos tienen poca o ninguna cabida en un programa de equilibramiento corporal porque brindan poco, si es que algún, beneficio nutricional e incluso pueden filtrar muchos nutrientes valiosos de su cuerpo.

Cafeína

La cafeína estimula la liberación de hormonas que provocan estrés, las cuales aumentarán el sentimiento de nerviosismo o ansiedad que pueda tener y también robarán del resto de su cuerpo valiosos nutrientes necesarios para alimentar el sistema nervioso ya estresado. Además, la cafeína provoca síntomas de pánico y ansiedad, reduce la absorción de hierro y calcio, empeora el dolor de senos, aumenta la frecuencia de los sofocones, y actúa como diurético, acelerando la eliminación de minerales y vitaminas valiosos que usted necesita. Aumenta la producción de ácido en el estómago y eleva los niveles de colesterol y triglicéridos en sangre. Recomiendo que gradualmente vaya dejando la cafeína reduciendo su ingesta diaria hasta estar *libre de cafeína.* Hay excelentes tés y bebidas descafeinadas entre las cuales elegir. Si le gusta el chocolate, tan sólo cambie al chocolate hecho de algarrobas. El té de diente de león tostado es un buen sustituto del café, o puede probar Pero, Postum o Caffix.

Lácteos

Muchas de las mujeres que se quejan de fatiga, hinchazón, depresión, gases intestinales, congestión nasal, goteo postnatal, y respiración dificultosa pueden sufrir de sensibilidad a algunos alimentos. La mayoría de las veces los culpables son los lácteos. Éstos son una de las causas más importantes de alergia en la dieta americana estándar. Pueden presentarse reacciones retardadas tales como cambios de estado de ánimo, mareos, cefaleas y dolor articular. Cuando suma el hecho de que en el alimento del ganado se utilizan hormonas y pesticidas, la leche de vaca no es una elección saludable. Otra consideración importante es la lactosa, que es el azúcar predominante en la leche y para muchas resulta imposible de digerir. La buena noticia es que existen excelentes sustitutos de los lácteos abundantes en calcio y fáciles de asimilar. Pruebe la leche de soja, la de arroz o la de almendras; pruebe el sorbete u otros postres congelados preparados a base de leche de arroz. Prepare batidos con leche de soja, de arroz o de almendras. Su cuerpo le hará saber que ha hecho una elección saludable. Vea como todos sus síntomas de alergia desaparecen dentro de siete a catorce días.

Sal

La sal es uno de los minerales más importantes del cuerpo junto con el potasio. Ayuda a regular el equilibrio de agua de la célula. Las mujeres con presión sanguínea baja o función suprarrenal baja (hipoadrenia) pueden beneficiarse en gran manera agregando 1/8 de cucharada de sal a un vaso de 8 onzas (aprox. ¼ litro) de agua de manantial todas las mañanas para ayudar a aumentar el volumen sanguíneo y la función suprarrenal. Si embargo, la mayoría de las mujeres consume demasiada sal. Hoy en día resulta muy fácil hacerlo en parte debido a nuestro agitado estilo de vida en el que con frecuencia cenamos afuera o compramos comida congelada para usar si fuera necesario. Quizás salamos nuestras comidas en exceso o le agregamos un poco a los platos que preparamos, luego volvemos a salarlos antes de comer el primer bocado.

La sal puede provocar retención de líquidos y molestias en los pechos, y puede aumentar su riesgo de hipertensión (presión sanguínea alta) y enfermedades del corazón. Recomiendo que pruebe algunos de mis sustitutos favoritos de la sal. Pruebe usar hierbas frescas para sazonar sus comidas; resaltan los sabores. Por ejemplo, el ajo y el limón son maravillosos. Espolvoree Spike o Mrs. Dash en sus comidas favoritas. ¡No tardará en hacerlos un agregado permanente a su dieta!

Margarina

La margarina contiene grasas trans, que son malas para el corazón. Quiero animarla a dejar de usarla y reemplazarla por aceite de oliva para cocinar, aceite de canola para hornear,

Benecol o Spectrum Spread sobre los productos de repostería, o quizás una pasta de frutas con bajo contenido de azúcar. En papas asadas o puré, ¿por qué no prueba salsa o un poquito de aceite de oliva liviana y pimienta negra?

Para reducir su ingesta de grasas saturadas, que se encuentran en lácteos, carne roja y huevos, sustitúyalos por lo siguiente, como hago yo: use salsa de manzana en lugar de aceites al hornear postres. Use mayonesa a base de canola o de alazor, y reemplace las frituras de maíz y las papas fritas por papas horneadas y con poca sal. En su próxima comida al aire libre en el jardín, prepare hamburguesas de pavo o hamburguesas jardineras o un perrito caliente vegetariano.

Azúcar

En lo relativo a la acidez dietaria, la excesiva ingesta de azúcar puede robarle la salud. Se sabe que la ingesta regular de azúcar juega un papel negativo en muchas de las enfermedades más comunes, incluyendo hipoglucemia, enfermedad del corazón, colesterol alto, obesidad, miopía, eczema, soriasis, dermatitis, gota, infecciones de levadura, y caries. El azúcar es adictiva, afectando primeramente al cerebro, dándole un falso impulso de energía que después desciende a un nivel inferior al del comienzo.

En tiempos de estrés, depresión y ansiedad, a menudo las mujeres suelen buscar algo con azúcar. Esto es especialmente perjudicial para el funcionamiento cerebral y corporal. Además, se ha demostrado que el exceso en el consumo de azúcar inhibe la respuesta inmune del cuerpo. Si consume demasiada azúcar diariamente, se expone a tener bajo nivel de azúcar en sangre. Muchas mujeres que sufren de ansiedad y depresión también deben luchar con la hipoglucemia. Observe que los síntomas de ansiedad son idénticos al perfil de un individuo hipoglucémico.

EL SABOTAJE DEL AZÚCAR

- → Pulso acelerado
- → Ataques de llanto
- → Palpitaciones cardiacas
- → Debilidad
- → Sudor frío
- → Irritabilidad
- → Fatiga
- → Pesadillas
- → Temblores
- → Concentración pobre

Si estos síntomas le resultan familiares, debe concentrarse en ingerir más alimentos con fibra y proteínas en cada comida y en reducir los azúcares simples. Es importante que entre comidas ingiera un bocadillo que contenga proteínas. Esto mantendrá estable el nivel de azúcar en sangre todo el día. Es cierto que limitar o incluso eliminar el azúcar no será fácil, pero para restablecer el cerebro y el cuerpo, debe reducir el consumo de azúcar. Los siguientes suplementos dietarios la ayudarán a realizar este ajuste.

SUPLEMENTOS DIETARIOS QUE MANTIENEN LOS NIVELES DE AZÚCAR EN SANGRE

- → Picolinato de cromo
- → Complejo B
- → Vitamina C
- → Ácido pantoténico
- → Suplemento para las glándulas suprarrenales
- → Calcio y magnesio
- → Un batido de proteínas cada mañana
- → Extracto de stevia como endulzante herbal para equilibrar el azúcar
- → Fibra en su dieta (arroz integral, por ejemplo)

Es sabio balancear el azúcar en sangre ahora porque el azúcar bajo puede predisponerla a desarrollar diabetes más adelante. La diabetes tiene lugar cuando el azúcar y los carbohidratos que una persona consume no se utilizan adecuadamente. El páncreas deja de producir insulina, creando alto nivel de azúcar en sangre. De acuerdo con el Departamento de Salud y Servicios Humanos de los Estados Unidos, más de 20 millones de personas sufren de diabetes en este país.[6] Esta enfermedad puede conducir a enfermedad cardiaca y renal, infarto, ceguera, hipertensión e incluso la muerte.

¿ESTÁ AFECTANDO SU SALUD EL CONSUMO DE AZÚCAR?

Realice esta pequeña prueba para ver si su consumo de azúcar no sólo puede estar afectando su nivel de salud ahora, sino también más adelante.

Sí   No

_____   _____   ¿Tiene antecedentes familiares de diabetes?

_____   _____   ¿Siente muchas ganas de comer golosinas a ciertas horas del día?

_____   _____   Cuando está bajo estrés, ¿siente deseos de comer golosinas?

_____   _____   ¿Consume helado, chocolate, pasteles, tortas y caramelos más de dos veces por semana?

_____   _____   ¿Se siente tensa, nerviosa si su comida se demora?

_____   _____   ¿Siente ganas de beber gaseosas u otros refrescos endulzados?

_____   _____   ¿Presta atención a las comidas bajas en grasa mientras que ignora el mayor contenido de azúcar en ellas?

Un estudio realizado en la Universidad de Alabama mostró que la gente que sufre de depresión tenía menos síntomas cuando se eliminaba el azúcar de sus dietas.[7] Además, el excesivo consumo de azúcar conduce a:

- Colesterol y triglicéridos altos que conducen a un riesgo de aterosclerosis
- Excesivos altibajos emocionales y ansias de comida, especialmente antes de la menstruación
- Caries y pérdida de encías
- Aún pequeñas fluctuaciones de azúcar en sangre alteran el sentido de bienestar de una persona. Las grandes fluctuaciones causadas por consumir demasiada azúcar provocan sentimientos de depresión, ansiedad, cambios de estado de ánimo, fatiga, e incluso conducta agresiva.

Al combinar alimentos hipoglucémicos, como los que contienen fibra, con ejercicio, complementos de aminoácidos, y suplementos nutricionales que ayudan a nivelar el azúcar en sangre, optimizará la bioquímica cerebral.

Le interesará saber que la gente que consume demasiadas azúcares simples y que está bajo situaciones de estrés constante típicamente tiene bajos niveles de cromo. A menudo he visto a mis clientas experimentar una mayor sensación de bienestar después de seguir un plan de alimentación saludable y tomar picolinato de cromo. También descubrí que el cromo parece aumentar los niveles de energía. Creo que esto sucede por el efecto de nivelación de azúcar en el cuerpo. Los picos y valles de energía desaparecen y son reemplazados por una energía constante y sostenida.

> *Recomendación de la Dra. Janet:*
>
> ¿Nada de azúcar? ¿Pero cómo? El cromo será su ayuda a medida que vaya dejando los azúcares simples que le han estado robando la salud.

Además del cromo, recomiendo el ácido pantoténico, que es una vitamina B que ayuda al cuerpo a manejar el estrés. Esta vitamina hace maravillas por las glándulas suprarrenales tan a menudo liquidadas por la cafeína, el azúcar, la falta de sueño, y el estrés. (Para mayor información sobre estos suplementos, vea el próximo capítulo.)

El ácido pantoténico y el picolinato de cromo la ayudarán a realizar los cambios necesarios para experimentar un cuerpo y una mente equilibrados. En lugar del azúcar, personalmente uso extracto de stevia para endulzar mis tés o todo lo que requiera ser endulzado. Descubrirá que es una bendición maravillosa no calórica y segura para diabéticos e hipoglucémicos.

EFECTOS PELIGROSOS DEL AZÚCAR EN LA PERSONALIDAD

Signos mentales y emocionales de demasiada azúcar:
- Periodos de depresión crónicos o frecuentes con tendencias maníaco depresivas
- Dificultad para concentrarse, olvido, o distracción
- Falta de motivación, pérdida de entusiasmo para planes y proyectos
- Mayor independencia, pensamientos y acciones inconsistentes
- Personalidad cambiante con arranques emocionales
- Irritabilidad, cambios en el estado de ánimo

Síntomas cerebrales y corporales asociados con al exceso de consumo de azúcar:
- Ansiedad y ataques de pánico
- Bulimia
- Candidiasis, síndrome de fatiga crónica
- Diabetes o hipoglucemia
- Adicción a la comida con pérdida de vitaminas B y minerales
- Obesidad
- Cambios de estado de ánimo y nivel de energía inusualmente bajo.[8]

POR QUÉ ELIMINAR LOS EDULCORANTES ARTIFICIALES

Norteamérica se ha subido al carro de los edulcorantes artificiales. Esto se debe a nuestra obsesión y preocupación por el peso. Ésta parece una respuesta simple para quienes tratan de vigilar las calorías del azúcar que consumen. ¿Sabía que uno de los componentes del aspartamo es el metanol? También se lo conoce como alcohol de madera. ¿Por qué consideraría siquiera introducir esa sustancia en su cuerpo? El metanol es considerado toxico incluso en pequeñas cantidades. Además, los niveles tóxicos de metanol se han asociado a inflamación cerebral, inflamación del músculo cardiaco y del páncreas, ¡y hasta ceguera! Recomiendo que lea *Aspartame: Is It Safe?* (El aspartamo: ¿es seguro?), por H. J. Roberts.[9] En él leerá acerca de informes sobre convulsiones, pérdida de memoria, cambios de estado de ánimo, cefaleas, náusea, y más. Al aspartamo, que se elabora sintéticamente, también se lo ha implicado en el daño cerebral fetal.[10] Las mujeres embarazadas y lactantes, o niños muy pequeños propensos a las alergias, deberían evitar el aspartamo.

> Japón ha prohibido el uso de aspartamo (NutraSweet). Stevia es el agente endulzante #1 en ese país.

Y luego tenemos la siguiente generación de edulcorantes artificiales: Splenda. Ésta es la primicia: Splenda, también conocido como sucralosa, o sacarosa clorada, es cuatrocientas a ochocientas veces más dulce que el azúcar. En su cuerpo se lo ve como químico y no como carbohidrato. No tiene efecto sobre la secreción de insulina o el metabolismo de los carbohidratos.

Esto es lo que debería saber: las investigaciones del Japanese Food Sanitation Council (Concilio de salud alimentaria de Japón) revela que hasta el 40 por ciento de este edulcorante se absorbe y puede concentrarse en el hígado, riñones, y tracto gastrointestinal. En pruebas con animales, la sucralosa está vinculada con el encogimiento en un 40 por ciento de la glándula timo, agrandamiento del hígado y riñones, disminución del recuento de glóbulos rojos, abortos espontáneos, y diarrea.[11]

Existen endulzantes naturales no procesados que pueden satisfacer su gusto por lo dulce sin riesgo para su salud.

ENDULZANTES NATURALES NO PROCESADOS

→ **Miel**: dos veces más dulce que el azúcar. Evítela si es diabética o si tiene candida o baja azúcar en sangre. Contiene vitaminas y enzimas.

→ **Jarabe de arroz:** 40 por ciento tan dulce como el azúcar, hecho de arroz y agua.

Sucarat: endulzante natural hecho de jugo de caña de azúcar; edulcorante concentrado que debería usarse con precaución si tiene desequilibrios en los niveles de azúcar en sangre.

→ **Stevia:** hierba de Sudamérica que se puede utilizar en bebidas, para hornear y cocinar. Es segura para personas con desequilibrio en los niveles de azúcar en sangre y/o cándida y diabetes. Stevia viene en dos presentaciones: extracto líquido o extracto en polvo blanco. ¡Stevia es mi favorita!

→ **Fructosa:** dos veces más dulce que el azúcar. Deriva de la fruta y no está permitida si sufre de candida.

Un dulce secreto

Las investigaciones científicas han revelado que la stevia regula el azúcar en sangre de manera eficaz. Esto es de vital importancia tanto para la gente que tiene altos como para la que tiene bajos niveles de azúcar en sangre. En algunos países de Sudamérica la stevia se vende como una ayuda útil para la gente con diabetes e hipoglucemia.

Otros estudios han demostrado que la stevia disminuye la presión sanguínea elevada pero parece no afectar la presión normal. La stevia inhibe el crecimiento y la reproducción de algunas bacterias y otros organismos infecciosos, incluyendo las que causan caries y gingivitis. Esto puede ayudar a explicar por qué los usuarios de la stevia han dicho tener una menor incidencia de resfríos y gripe. Tiene cualidades excepcionales cuando se la utiliza como enjuague bucal y pasta dental, y existen informes de mejoras significativas en la gingivitis después de seguir una práctica regular de utilización de la stevia.[12]

La stevia es una ayuda maravillosa para bajar y controlar el peso porque no contiene calorías. Las investigaciones indican que incremente significativamente la tolerancia a la glucosa e inhibe la absorción de la misma. La gente que ingiere stevia a diario a menudo comentó que su deseo de golosinas y comidas grasas ha disminuido.

Otros beneficios de agregar hoja entera de stevia a la dieta diaria son que mejora la digestión y la función gastrointestinal, calma las molestias estomacales, y ayuda a acelerar la recuperación de enfermedades menores. Una afirmación interesante pero no documentada que han hecho muchos

> *Recomendación de la Dra. Janet:*
> La stevia puede utilizarse como parte de una dieta saludable para toda persona con problemas de azúcar en sangre, ya que no eleva los niveles de azúcar en sangre. Tiene un índice glucémico cero.

usuarios es que beber té de stevia o tés realzados con stevia o colocar hojas de la misma en la boca reduce el deseo de tabaco y bebidas alcohólicas.

Actualmente la stevia se utiliza como un saludable endulzante no calórico en Sudamérica, China, Taiwán, Tailandia, Corea, Malasia, Indonesia, y Japón. En estos países la stevia ocupa el 41 por ciento del mercado comercial de los sustitutos del azúcar.

CANDIDA

Una condición relacionada con el estrés que tiene como resultado una respuesta inmune gravemente comprometida es la candida (candidiasis). Como en el presente capítulo estamos hablando de pautas nutricionales para una vida equilibrada, quiero tratar la cuestión de candida y ayudarla a reconocer y tratar con esta ladrona de la salud por medio de un plan nutricional sensato y saludable.[13]

Candida es una infección micótica de las membranas mucosas que afecta boca, genitales, tracto gastrointestinal, piel, y torrente sanguíneo. Causa síntomas tales como constipación, dolor muscular y articular, obstrucción de los senos nasales, vaginitis, infecciones renales y de vejiga, pérdida de memoria, cambios de estados de ánimo, problemas suprarrenales, bajo nivel de azúcar en sangre, problemas de tiroides, desequilibrios hormonales, picazón severa, prostatitis, diarrea y colitis, y cientos de síntomas más.

La candida albicans normalmente vive en el tracto gastrointestinal y en las áreas genitourinarias de su cuerpo sin causar daño. Sin embargo, si se reduce su respuesta inmune, como sucedió en mi caso, debido a repetidos tratamientos con antibióticos, una dieta elevada en azúcar, falta de descanso y relajación, candida se multiplica demasiado rápido, causando importantes problemas de salud. Las colonias de levadura se introducen y florecen por todo el cuerpo, liberando toxinas en el torrente sanguíneo.

Para ver si el sobrecrecimiento de candida podría estar contribuyendo a su desequilibrio corporal, complete el siguiente cuestionario sobre candida, desarrollado por el Dr. William Crook, autor del maravilloso libro *The Yeast Connection*.[14] Llene y sume el puntaje del cuestionario para ver si la posibilidad de sobrecrecimiento de levadura es un factor que contribuye a su falta de equilibrio nutricional.

¿ME ESTÁ ROBANDO LA CANDIDA EL EQUILIBRIO NUTRICIONAL?

Sección A: Antecedentes

Puntaje para la Sección A: al final de cada pregunta encontrará el puntaje para la respuesta positiva.

Puntaje	**Pregunta**

1. ¿Ha tomado tetraciclina u otros antibióticos para el acné durante un mes o más? (35)

2. ¿Alguna vez en su vida tomó antibióticos de amplio espectro u otra medicación antibacteriana para infecciones respiratorias, urinarias u otras, durante dos meses o más, o durante periodos más cortos, cuatro o más veces en el periodo de un año? (35)

3. ¿Ha tomado alguna droga antibiótica de amplio espectro, incluso en una única dosis? (6)

4. ¿Alguna vez en su vida ha sufrido de prostatitis, vaginitis, u otros problemas persistentes que hayan afectado sus órganos reproductores? (25)

5. ¿La aquejan problemas de memoria o concentración? ¿Se siente como drogada en ocasiones? (20)

6. ¿Siente "todo el cuerpo enfermo", pero a pesar de ver a muchos médicos, no se han encontrado las causas? (20)

7. ¿Ha estado embarazada:
   Dos o más veces? (5)
   Una vez? (3)

8. ¿Ha tomado píldoras anticonceptivas:
   Durante más de dos años? (15)
   Desde seis meses hasta dos años? (8)

9. ¿Ha tomado esteroides por vía oral, mediante inyecciones, o inhalación?
   Por más de dos semanas? (15)
   Por dos semanas o menos? (6)

_____ 10. La exposición a perfumes, insecticidas, olores de las tiendas textiles, y otros químicos, ¿le provocan: Síntomas moderados a severos? (20) Síntomas leves? (5)

_____ 11. ¿Realmente le molesta el humo de cigarrillo? (10)

_____ 12. ¿Sus síntomas empeoran en días húmedos y pesados o en lugares mohosos? (20)

_____
_____ 13. ¿Ha tenido pie de atleta, tiña, prurito en la ingle, u otras infecciones crónicas por hongos en la piel o uñas? (10) ¿Han sido infecciones severas o persistentes? (20) ¿Leves a moderadas? (10)

_____ 14. ¿Siente fuertes deseos de azúcar? (10)

_____ **PUNTAJE TOTAL Sección A**

Sección B Síntomas principales

Estos síntomas a menudo se presentan en personas con problemas de salud relacionados con la levadura.

Sistema de puntaje para la Sección B:
- Ocasional o leve: 3 puntos
- Frecuente y/o moderadamente severo: 6 puntos
- Severo y/o imposibilitante: 9 puntos

Puntaje	Pregunta
_____	1. Fatiga o letargo
_____	2. Sensación de estar "agotada"
_____	3. Depresión o maníaco-depresión
_____	4. Entumecimiento, ardor u hormigueo
_____	5. Cefaleas
_____	6. Dolores musculares
_____	7. Debilidad o parálisis muscular

_____	8. Dolor y/o inflamación articular
_____	9. Dolor abdominal
_____	10. Hinchazón, eructos, o gases intestinales
_____	11. Constipación y/o diarrea
_____	12. Ardor, picazón o secreción vaginal molestos
_____	13. Prostatitis
_____	14. Impotencia
_____	15. Falta de deseo o sensación sexual
_____	16. Endometriosis
_____	17. Calambres y/u otras irregularidades menstruales
_____	18. Tensión premenstrual
_____	19. Ataques de ansiedad o llanto
_____	20. Hipotiroidismo
_____	21. Manos o pies fríos, temperatura corporal baja
_____	22. Inestable o irritable cuando tiene hambre
_____	23. Cistitis o cistitis intersticial
_____	**TOTAL PUNTAJE Sección B**

Sección C: Síntomas adicionales relacionados con la levadura

Sistema de puntaje para la Sección C:
- Ocasional o leve: 3 puntos
- Frecuente y/o moderadamente severo: 6 puntos
- Severo y/o imposibilitante: 9 puntos

Puntaje	*Pregunta*
_____	1. Somnolencia, incluso somnolencia inapropiada
_____	2. Irritabilidad
_____	3. Incoordinación
_____	4. Cambios de estado de ánimo frecuentes
_____	5. Insomnio

_____	6.	Mareos o pérdida del equilibrio
_____	7.	Presión por encima de las orejas, sensación de hinchazón en la cabeza
_____	8.	Problemas en los senos nasales, molestias en los pómulos, o la frente
_____	9.	Tendencia a contusionarse fácilmente
_____	10.	Eczema; picazón en los ojos
_____	11.	Soriasis
_____	12.	Urticaria crónica
_____	13.	Indigestión o acidez
_____	14.	Sensibilidad a la leche, trigo, maíz, u otros alimentos comunes
_____	15.	Mucus en las deposiciones
_____	16.	Picazón rectal
_____	17.	Boca o garganta seca
_____	18.	Erupciones bucales, incluyendo "lengua saburral"
_____	19.	Mal aliento
_____	20.	Olor de pies, capilar o corporal que no desaparece con la higiene
_____	21.	Picazón nasal
_____	22.	Congestión nasal o goteo postnasal
_____	23.	Dolor de garganta
_____	24.	Laringitis, pérdida de la voz
_____	25.	Tos o bronquitis recurrente
_____	26.	Dolor u opresión en el pecho
_____	27.	Silbido o falta de aliento
_____	28.	Frecuencia o urgencia para orinar

_____ 29. Quemazón al orinar

_____ 30. Partículas flotantes en los ojos o visión errática

_____ 31. Ardor o lagrimeo ocular

_____ 32. Infecciones o fluidos recurrentes en los oídos

_____ 33. Dolor de oídos o sordera

_____ **PUNTAJE TOTAL Sección C**

_____ **SECCIÓN A**

_____ **SECCIÓN B**

_____ **PUNTAJE TOTAL**

¿Qué puntaje obtuvo? Las mujeres con un puntaje mayor a 180 y los hombres con un puntaje que supere los 140 es, casi seguro, que tienen problemas de salud relacionados con la candida o levadura. Es posible que dichos problemas estén presentes en mujeres con puntajes superiores a los 60 y en hombres con puntajes superiores a los 40. Con puntajes menores a 60 en mujeres y 40 en varones, es menos probable que las levaduras sean la causa de sus problemas de salud o falta de equilibrio nutricional.

El plan de ataque para vencer los problemas asociados con candida es el siguiente:

1. Mate la levadura por medio de cambio en la dieta y terapia de suplementos. Le daré pautas para ambas en este capítulo. Evite los antibióticos a menos que sean absolutamente necesarios. Existen alternativas de antibióticos naturales.

2. Desintoxique el cuerpo para eliminar la levadura muerta del cuerpo.

3. Use terapia de enzimas para fortalecer el sistema digestivo para asimilar los nutrientes. Fortalezca el

hígado y los riñones. Replante flora intestinal saludable con bacterias benignas.

4. Restablezca su inmunidad. Siga mi reorganización del sistema inmune de 90 días.[15]

La dieta para candida

La dieta clásica para candida permite alimentos saturados de proteínas, como pescado y pollo, y tantos vegetales como pueda comer. Debería evita la cafeína y el alcohol, al igual que los alimentos a base de harina: panes, pastas, tortillas, pasteles, galletitas, etc. Elimine todo el azúcar y todos los alimentos que contengan azúcar. Lea cuidadosamente las etiquetas de los alimentos, ya que muchos de los productos envasados contienen sacarosa, dextrosa, glucosa, fructosa, jarabe de maíz, jarabe de arce, miel, melaza, malta de cebada, y jarabe de arroz. Si necesita endulzar algo, use stevia. Evite las comidas que contengan vinagre (mostaza, mayonesa, etc.), alimentos fermentados (queso, chucrut, salsa de soja, etc.), y carnes procesadas, especialmente perritos calientes, salchichas, tocino, etcétera. Trate de beber sólo agua filtrada o envasada, ya que el agua del grifo contiene cloro, el cual reducirá aún más las poblaciones de flora benigna del cuerpo.

Si es vegetariana estricta, es difícil obtener suficiente proteína completa sin sobrecargarse de granos y frijoles. Comer una amplia variedad de vegetales al mismo tiempo puede ayudar a contrarrestar este problema, como también pueden hacerlo los suplementos como espirulina y chlorella. Los libros de recetas para la dieta de candida pueden resultar invalorables.

ALIMENTOS QUE PUEDE COMER SIN RESTRICCIONES
- → Todos los vegetales frescos (excepto zanahorias y remolachas) y jugos de vegetales
- → Todo tipo de pescados (excepto carroñeros y mariscos). Los pescados blancos de aguas profundas son particularmente buenos.
- → Stevia como endulzante

→ Carnes de granja, lo ideal es pollo y pavo
→ Huevos
→ Agua purificada
→ Limones, limas, arándanos; y manzanas, toronjas y kiwis Granny Smith (después de 20-60 días)
→ Granos bien cocidos: mijo, trigo sarraceno, amaranto, quinua –¡nada de trigo!
→ Pastas hechas a base de los granos nombrados arriba
→ Ácidos grasos esenciales (Ultimate Oil y aceite de oliva)
→ Frijoles, sémola de maíz, almendras no procesadas, y semillas
→ Té Pau de Arco

ALIMENTOS QUE DEBE EVITAR

→ Azúcares: sacarosa, fructosa, maltosa, lactosa, glucosa, manitol, sorbitol, jarabe de arce, azúcar, azúcar morena, azúcar no refinada, azúcar de dátil, jarabe de maíz, y miel
→ Aspartamo y NutraSweet
→ Alimentos, panes y productos de repostería que contengan levaduras
→ Alcohol, gaseosa, café y bebidas fermentadas (como la sidra)
→ Queso y productos con leche agria (crema agria y suero de leche)
→ Todo tipo de nueces (excepto almendras no procesadas)
→ Mayonesa, mostaza, y ketchup
→ Frutas (excepto las mencionadas anteriormente)
→ Hongos (recuerde, la levadura es un hongo)[16]

Aunque la dieta de candida es rígida, es necesaria. A medida que comience a tener la levadura bajo control, puede aumentar los niveles de granos que come y agregar algunas frutas. Si lo hace, tenga cuidado de controlar cómo se siente y, al primer signo de molestias recurrentes, vuelva a la dieta estricta y comience a usar cuatro cápsulas de Candex por día hasta volver a controlar los síntomas nuevamente. Mientras que algunos dicen que después de usar Candex han podido volver a introducir variedades más amplias de alimentos sin incidentes, otros han informado que cuando hacen esto se presenta una recurrencia rápida de las molestias.

Con candida, está luchando contra problemas digestivos e intestinales, por lo que los probióticos son indispensables. Estos defensores gastrointestinales son cruciales para mantener sus defensas inmunes en buen orden de funcionamiento. Estos defensores también conocidos como *probióticos* se componen mayormente de lactobacilos acidófilos y lactobacilos bífidos. Producen ácidos grasos volátiles que suministran energía metabólica. Además, ayudan a digerir los alimentos y los aminoácidos, producen ciertas vitaminas y, lo que es más importante, tornan levemente ácido al intestino delgado, lo que inhibe el crecimiento de bacterias malignas tales como la *E. coli*, que ha causado graves enfermedades en años recientes.

Los suplementos de probióticos son absolutamente esenciales en su lucha contra candida o cualquier infección micótica gracias a las propiedades antifúngicas que poseen estos defensores. De acuerdo con los Dres. James y Phyllis Balch en su éxito de librería titulado *Prescription for Nutritional Healing* (Prescripción para la sanidad nutricional), la flora de un colon saludable debería componerse de al menos 85 por ciento de lactobacilos y 15 por ciento de bacterias coliformes.[17] Actualmente, el recuento típico de bacterias es el inverso, lo que ha tenido como resultado gases, hinchazón, toxicidad intestinal y sistémica, constipación, mala absorción de nutrientes, convirtiéndolo en un medio perfecto para el crecimiento de candida. Al agregar probióticos, esto es, suplementos de lactobacilos acidófilos y lactobacilos bífidos, a su sistema, restablecerá la flora intestinal a un equilibrio saludable y eliminará todos los problemas de desequilibrio de la flora intestinal que hemos mencionado.

Si está con terapia de antibióticos, es de suma importancia que complemente su tracto digestivo con probióticos o *bacterias benignas* porque el uso de antibióticos destruye la flora intestinal saludable junto con las bacterias dañinas. Tanto los L. acidófilos y los L. bífidos facilitan una digestión adecuada, ayudan a normalizar la función intestinal, y previenen los gases y el sobrecrecimiento de candida. Esto a su vez mantiene alta la inmunidad.

Guarde su fórmula de probióticos en un lugar fresco y seco. Algunas marcas requieren refrigeración. Personalmente prefiero y uso Bio-K y Kyo-Dophilus de Wakunaga de América. Kyo-Dophilus no contiene leche y permanece viable y estable incluso en altas temperaturas. Contiene 1,500 millones de células vivas por cápsula, es apta para todas las edades, y contiene L. acidófilos, B. bífidos y B. longum en un complejo de almidón vegetal. Además, está libre de conservantes, azúcar, sodio, levadura, gluten, colorantes y saborizantes artificiales y, como dijimos anteriormente, leche.

Como suplemento dietario, tome una cápsula con cada comida dos veces por día todos los días. Si el niño no puede tragar la cápsula, simplemente ábrala y espolvoréela en jugos o comida.

Es una fórmula maravillosa para una salud intestinal con el equilibrio óptimo. Probióticos: ¡sí que son buenos!

Luchar con el desequilibrio corporal por medio de pautas nutricionales y naturales la pondrá en camino hacia el equilibrio total. En el próximo capítulo veremos la forma en que los suplementos y vitaminas herbales y naturales se alían con su plan nutricional para darle un cuerpo de mujer equilibrado por la naturaleza.

?♠ Protocolo de la Dra. Janet para la colitis

AYUDA NATURAL PARA LA COLITIS/SÍNDROME DE INTESTINO IRRITABLE (SII)

→ Cure las paredes intestinales con L-glutamina, MSM, té de manzanilla, u olmo.

→ Pruebe antiespasmódicos en té de jengibre/menta o una compresa tibia de jengibre sobre el abdomen.

→ Calme la tensión nerviosa con raíz de valeriana, 5-HTP, o L-teanina.

→ Fortalezca la inmunidad con Lane Labs Nature's Lining, que ayuda a reconstruir el tejido gástrico, o Clorofila Líquida (3 cucharadas diarias con agua antes de las comidas).

→ Beba té verde todos los días, como por ejemplo Kyo-Green.

→ Use quercetina para reducir las reacciones histamínicas.

Use el siguiente protocolo natural para tratar cualquier problema de constipación que pueda estar padeciendo.

?♠ Protocolo de la Dra. Janet para la colitis

AYUDA NATURAL PARA LA CONSTIPACIÓN:

→ Prevenga la constipación con probióticos— Primadophilus o Kyo-Dophilus.

→ Normalice la digestión con enzimas de origen vegetal de Enzymedica con cada comida.

→ Agregue fibra a su dieta con Benefiber o cereal One Fiber.

→ Pruebe laxantes naturales como trífala, senna, o cáscara sagrada.

→ Limpie el colon de forma rápida con vitamina C (3,000-5,000 mg.) y bioflavonoides durante un periodo de dos horas, o use Colon Cleanse.

→ Desintoxique todo el cuerpo usando Nature's Secret Ultimate Cleanse.

Nota de la traductora:

a. Juiceman es el nombre comercial de un extractor de jugo que ha tenido gran éxito de ventas alrededor del mundo, especialmente en el hemisferio norte.

CAPÍTULO 3
EL MUNDO DE LAS VITAMINAS Y LOS SUPLEMENTOS

Las mujeres actuales se enfrentan a desafíos que sus madres y abuelas jamás tuvieron que enfrentar. Muchas mujeres crían hijos, cuidan del hogar, atienden su negocio desde casa, y manejan las finanzas de la familia y al mismo tiempo se espera que sean un perfecto talle seis, que sean activas en la comunidad y la iglesia, y que cumplan el rol de nutricionista de la familia, suministrando comidas bien balanceadas y saludables, libres de pesticidas, herbicidas, radiación, antibióticos y hormonas inyectados. Es mucho pedir, ¿no le parece?

Es por eso que recomiendo los suplementos dietarios con total confianza para satisfacer cualquier brecha nutricional que pudiera haber en nuestra dieta diaria. Como mujeres, a menudo pasamos por alto nuestras necesidades nutricionales, y quedamos agotadas e insuficientemente aseguradas en lo que respecta a nutrientes. Además, la enfermedad, la edad, y la práctica extrema de dietas pueden ponerla en una situación en la que no puede obtener solamente de la comida todos los nutrientes que necesita. Esperar que mujeres ocupadas se aseguren de consumir todos los días el calcio suficiente es poco realista, por lo que la respuesta está en tomar un suplemento de calcio.

En este capítulo quiero ayudarla a entender su necesidad diaria de suplementos para tener constantemente una salud vibrante. Complementar con las cantidades correctas de los nutrientes adecuados optimizará la función de los sistemas inmune, reproductivo, digestivo y circulatorio. El protocolo fundamental de nutrientes adecuados puede ayudar a prevenir enfermedades así como también a eliminar fatiga, ansiedad, dolores de cabeza y depresión.

Una vez más, mi objetivo es educarla y equiparla con todas las herramientas necesarias para prevenir la enfermedad y fortalecer y fortificar su cuerpo. Los expertos concuerdan en que una de las mejores formas de proteger su salud es comer solamente los alimentos más saludables que pueda encontrar. Consumir frutas y verduras frescas en abundancia, y granos integrales, junto con lácteos bajos en grasa son las recomendaciones generales. Esto es por todos los *fitoquímicos,* o vitaminas, minerales y fibra que existen naturalmente en los alimentos saludables y que son protectores de la salud de su cuerpo.

> Las únicas mujeres que no experimentan estrés están enterradas en el cementerio.

Debido al enorme estrés que hoy en día enfrenta la mayoría de las mujeres en el trabajo, la familia, y las presiones de la vida en general, la mayoría de los expertos concuerda en que un suplemento de multivitaminas/minerales tiene sentido. Un buen suplemento multivitamínico puede llenar, y cerrar, toda brecha nutricional como resultado de malos hábitos dietarios. Las evidencias sugieren que las vitaminas pueden aumentar la "duración de nuestra salud", lo cual significa años activos libres de enfermedades crónicas.

Al elegir una multivitamina, busque en la etiqueta "USP" (*United States Pharmacopeia:* Farmacopea de Estados Unidos). Esto significa que el producto se ha formulado para disolverse un 75 por ciento después de una hora en los fluidos corporales. Además, busque el hierro como fumarato ferroso o sulfato ferroso, porque estas formas se absorben con mayor facilidad. Para una absorción óptima, tome sus multivitaminas con las comidas y no con el estómago vacío; de lo contrario podría sentir náuseas. Otro consejo importante es asegurarse de tomar sus multivitaminas con una comida que contenga un poquito de grasa. Las vitaminas A, D y E, solubles en grasa, necesitan un poquito de ésta para ingresar en su sistema e ir a trabajar.

La anticuada teoría de la medicina dominante que sostiene que es posible obtener todas las vitaminas y minerales necesarios de la dieta, poco a poco va quedando a un lado. Cada vez son más los médicos que se dan cuenta de que aunque probablemente nuestros abuelos hayan recibido toda la nutrición requerida de sus alimentos, en nuestra generación ése no es el caso. Los suelos despojados de minerales y los cultivos con agroquímicos y los métodos de mercadeo de la agroindustria no garantizan que los alimentos que compra en el supermercado se aproximen siquiera al valor nutricional ideal.

Recomendación de la Dra. Janet:
¿Uñas quebradizas? Pruebe la biotina.[1]

Quizás haya oído a alguien decir: "Tomar vitaminas sólo tiene como resultado orina cara". Lo cierto es que a la larga excretamos todas las sustancias, pero a medida que las vitaminas van por su torrente sanguíneo, fortalecen su salud y optimizan su vida. Mantener su cuerpo protegido con el espectro total de vitaminas y minerales se compara con tener una póliza de seguro que ayudará a asegurarla contra el deterioro físico y la enfermedad degenerativa.

UNA PERSPECTIVA GENERAL DE LAS VITAMINAS Y CÓMO ACTÚAN

Ahora vamos a instruirla sobre las vitaminas y cómo funcionan en conjunto para fortalecer y mantener su cuerpo.

¿QUÉ HACEN LAS VITAMINAS?

→ **Vitamina C:** forma el colágeno y mantiene la salud de encías, dientes y vasos sanguíneos.

Fuentes: toronja, naranjas, frutillas, espinaca, repollo, melones, y tomates.

→ **Vitamina D:** ayuda a la absorción del calcio y al crecimiento de huesos y dientes.
Fuentes: luz solar, salmón, atún, huevos, leche y manteca.

→ **Vitamina E:** protege a las células del daño.
Fuentes: manzanas, maní, espinaca, moras, germen de trigo, aceites de nuez y vegetales, y mangos.

→ **Vitamina K:** mejora la coagulación sanguínea.
Fuentes: huevos, zanahorias, aguacates, tomates, perejil, repollo, espinaca, brócoli, y repollos de Bruselas.

→ **Vitamina B$_1$, tiamina:** antioxidante; mejora la circulación, asiste en la producción de ácido clorhídrico, asiste en la formación sanguínea, vigoriza, y favorece el crecimiento y la capacidad de aprendizaje.
Fuentes: yema de huevo, pescado, germen de trigo, harina de avena, maní, y carne de aves.

→ **Vitamina B$_2$, riboflavina:** ayuda a la formación de glóbulos rojos.
Fuentes: queso, leche, yema de huevo, espinaca, hongos y brócoli.

→ **Vitamina B$_3$, niacina, niacinamida, ácido nicotínico:** favorecen la piel sana y la buena circulación.
Fuentes: zanahorias, germen de trigo, levadura de cerveza, queso, maní, y leche.

→ **Vitamina B$_5$ (ácido pantoténico):** vitamina antiestrés; cumple una función en la producción de hormonas anormales.
Fuentes: huevos, jalea real, levadura de cerveza, hígado, y hongos.

→ **Vitamina B$_6$, piridoxina:** estimula la inmunidad contra el cáncer y previene la arteriosclerosis, inhibiendo la homocisteína.

Fuentes: levadura de cerveza, nueces, huevos, espinaca, arvejas, pollo, y bananas.

→ **Vitamina B$_{12}$, cianocobalamina:** evita la anemia y ayuda en la utilización del hierro. *Fuentes:* mariscos, lácteos, huevos, levadura de cerveza, y leche.

→ **Coenzima Q$_{10}$, ubiquinona (CoQ$_{10}$):** poderoso antioxidante, importante para la producción de energía en cada célula del cuerpo. *Fuentes:* salmón, sardinas, caballa, maní, espinaca, y carne de vaca.

→ **Biotina:** ayuda en el metabolismo de los carbohidratos, grasas, proteínas; contribuye a la producción de ácidos grasos; y estimula el desarrollo de piel y uñas saludables. *Fuentes:* frijoles de soja, granos integrales, levadura de cerveza, carne, leche, aves, y yema de huevo cocida.

→ **Ácido fólico:** necesario para la producción de energía y la formación de glóbulos rojos. *Fuentes:* pollo, atún, leche, hígado, arroz integral, salmón, germen de trigo, y dátiles.

→ **Colina:** útil para los desórdenes del sistema nervioso y necesaria para la adecuada transmisión de los impulsos del cerebro a través del sistema nervioso central. Sin ella, la función cerebral y la memoria se ven afectadas. *Fuente*s: frijoles de soja, yemas de huevo, carne, y lecitina.

MINERALES

Un buen multivitamínico también contiene minerales. Las vitaminas y minerales trabajan juntos en sinergia para optimizar y fortalecer los sistemas corporales. Cada célula viviente depende de los minerales para el funcionamiento y estructura adecuados. El equilibrio de su cuerpo depende de los niveles y proporciones adecuados de diferentes minerales. Éstos son cruciales para el correcto funcionamiento nervioso, la regula-

"Cuanto más aprendo acerca de los suplementos nutricionales, más descubro que los componentes nutricionales pueden ayudar prácticamente a todo el mundo. En efecto, considero que prescribir y personalizar programas de vitanutrientes es uno de los dos pilares de la medicina nutricional."[2]

—Dr. Robert Atkins

ción del tono muscular, formación de sangre y huesos, y composición de los fluidos corporales. La totalidad del sistema cardiovascular depende en gran parte del equilibrio adecuado de minerales.

¿QUÉ HACEN LOS MINERALES?

→ **Calcio:** favorece el desarrollo de huesos y dientes fuertes, la función muscular y nerviosa y la coagulación sanguínea
Fuentes: salmón, sardinas, yogurt, leche, queso, brócoli, frijoles verdes, almendras y hojas de nabo.

→ **Cloro:** Ayuda a la digestión y trabaja con el sodio para mantener el equilibrio de fluidos.
Fuentes: alimentos salados

→ **Cromo:** ayuda al metabolismo adecuado de los carbohidratos.
Fuentes: brócoli, jugo de naranja y de toronja, azúcar negra, queso y levadura de cerveza.

→ **Cobre:** ayuda a la formación de glóbulos y de tejido conectivo.
Fuentes: ostras y mariscos, cacao, cerezas, hongos, gelatina, huevos, pescado y legumbres.

→ **Flúor:** fortalece el esmalte dental.
Fuentes: pescado, té y agua fluorada.

→ **Yodo:** mantiene el correcto funcionamiento de la tiroides.
Fuentes: sal yodada, camarones, langosta, ostras, espinaca y leche.

→ **Manganeso:** ayuda al metabolismo del calcio, fósforo y magnesio; ayuda a mantener los huesos saludables.

Fuentes: hojas de mostaza, col rizada, frambuesas, piña y hojas de berza.

→ **Boro:** necesario en muy pequeñas cantidades; los ancianos necesitan 2-3 mg para una adecuada absorción del calcio.

Fuentes: uvas, granos, manzanas, zanahorias y verduras de hoja.

→ **Cinc:** agudiza el gusto y el olfato; su deficiencia puede tener como resultado la pérdida de gusto y olfato. Es esencial para el funcionamiento de la próstata y para el crecimiento adecuado de los órganos reproductores. Puede ayudar a controlar el acné porque ayuda a la regulación de las glándulas sebáceas. Es excelente para el sistema inmune y ayuda en la cicatrización de heridas. Además, es necesario para la correcta formación del colágeno y síntesis de proteínas. El cinc protege el hígado de ataques químicos y es esencial para la correcta formación de los huesos.

Fuentes: hongos, yemas de huevo, sardinas, granos integrales, semillas de calabaza, semillas de girasol e hígado.

→ **Fósforo:** se encuentra en la mayor parte de los alimentos; la mayoría de los estadounidenses lo tienen en abundancia en su sistema debido al alto grado de consumo de refrescos carbonatados. Es importante para la formación de dientes y huesos, función renal, crecimiento celular y la contracción del músculo cardiaco.

Fuentes: refrescos (gaseosas), semillas de calabaza, semillas de girasol, productos lácteos, huevos, pescado, frutas secas, nueces, salmón, aves, maíz y granos integrales.

→ **Hierro:** usado en la producción y oxigenación de los glóbulos rojos. Es esencial para un sistema inmune saludable.

Fuentes: hígado, carnes, aves, huevos, pescado, almendras, aguacates, extracto de melaza, levadura de cerveza, ciruelas pasa, calabazas, uvas pasa, remolachas, duraznos y peras.

→ **Germanio:** lleva oxígeno a las células, lo que a su vez aumenta la inmunidad.
Fuentes: hongos, ajo y cebollas.

→ **Magnesio:** necesario para prevenir la calcificación del tejido blando. Ayuda a prevenir la rigidez muscular, mareos, síndrome premenstrual, y presión sanguínea alta y ayuda a la formación de los huesos.
Fuentes: productos lácteos, carnes, pescado, nueces, melazas, levadura de cerveza, aguacates y bananas.

→ **Molibdeno:** favorece el normal funcionamiento de las células.
Fuentes: verduras de hoja oscura, arvejas, frijoles y cereal.

→ **Potasio:** ayuda a mantener el ritmo cardiaco regular. Es importante para el funcionamiento del sistema nervioso.
Fuentes: bananas, albaricoques, pescado, lácteos, ajo, nueces, batatas y salvado de trigo.

→ **Selenio:** antioxidante vital que inhibe la oxidación de la grasa sanguínea (lípidos); protege al sistema inmune del daño de los radicales libres.
Fuentes: arroz integral, salmón, brócoli, levadura de cerveza, productos lácteos, ajo e hígado.

→ **Azufre:** desinfecta la sangre y protege contra la radiación; necesario para la síntesis del colágeno. Es un nutriente de la piel.
Fuentes: ajo, germen de trigo, cebollas, frijoles de soja, huevos, pescado y repollitos de Bruselas.

Puede utilizar la siguiente tabla como pauta para seleccionar su suplemento de vitaminas/minerales:

TABLA DIARIA RDA –VITAMINAS Y MINERALES PARA UNA MUJER PROMEDIO SALUDABLE

Vitaminas	RDA	Minerales	RDA
Vitamina A	1,000-5,000 UI	Calcio	1,500 mg
Betacaroteno	15,000 UI	Cromo (GTF)	200 mcg
Vitamina B1	50 mg	Cobre	3 mg
Vitamina B2	50 mg	Yodo	225 mcg
Vitamina B3 (niacina)	100 mg	Hierro (sólo si existe deficiencia)	18 mg
Vitamina B5 (ácido pantoténico)	100 mg	Magnesio	400-800 mg
Vitamina B6	50 mg	Manganeso	10 mg
Vitamina B12	300 mcg	Molibdeno	30 mcg
Biotina	300 mcg	Potasio	99 mg
Colina	100 mg	Selenio	200 mcg
Ácido fólico	800 mcg	Cinc	50 mg
Inositol	100 mg		
PABA	50 mg		
Vitamina C	1,000-3,000 mg		
Vitamina D	400-800 UI		
Vitamina E	600 UI		
Vitamina K	100 mcg		

ANTIOXIDANTES

Nuestra inmunoprotección está constituida por macrófagos, glóbulos blancos, anticuerpos, tejido linfático y la glándula timo. En años recientes, la ciencia ha descubierto sustancias destructoras de la salud denominadas *radicales libres* que atacan las defensas del cuerpo, debilitándolas para que no nos protejan adecuadamente. Los radicales libres pueden dañar a las células sanas. La buena noticia es que están controlados por los antioxidantes, que neutralizan a los radicales libres, previniendo de este modo el debilitamiento y daño de las células. Hay tres fuentes básicas de actividad de los radicales libres. Primero, se forman como subproductos del ejercicio y la enfermedad y por tomar ciertos medicamentos. La segunda es la polución ambiental, el humo, la radiación, y los pesticidas. Por último, los radicales libres forman otros radicales libres. Los antioxidantes vienen al rescate. Su tarea es viajar por el torrente sanguíneo, localizarse en las células y órganos, y neutralizar los radicales libres. Después de neutralizar o sofocarlos, los antioxidantes se vuelven inactivos y son eliminados del cuerpo. Esto significa que constantemente debemos proveérselos a nuestros cuerpos ya sea por medio de la dieta o de suplementos o ambos.

Los cuatro antioxidantes más importantes son la provitamina A o betacaroteno, la vitamina C, la vitamina E, y el selenio. Estos cuatro nutrientes antioxidantes brindan un ataque a cuatro puntas. La provitamina A o betacaroteno quita el oxígeno a los radicales libres. La vitamina C protege los tejidos y los componentes de la sangre. La vitamina E protege las membranas celulares, y el selenio es una parte vital de las enzimas antioxidantes. Todos juntos, estos poderosos cuatro *reducen* a los radicales libres cuando éstos se forman y antes de que causen daño a nuestro sistema.

SUPERALIMENTOS VERDES

Los superalimentos verdes están sobrecargados con nutrición. Comer alguno de ellos es casi como recibir una pequeña transfusión para optimizar la inmunidad y fomentar la energía y el bienestar. Son una de las fuentes más ricas de nutrientes esenciales. Son nutricionalmente más compactas o concentradas y potentes que las verduras verdes habituales como ensaladas y vegetales verdes. Además, los superalimentos verdes se cultivan y cosechan especialmente para maximizar y asegurar una alta concentración de vitaminas, minerales, y aminoácidos. La siguiente tabla le presentará los superalimentos verdes disponibles en la mayoría de las tiendas de alimentos naturales de todo el país.

SUPERALIMENTOS VERDES PARA UNA MÁXIMA NUTRICIÓN

Algas azules y verdeazuladas

A la forma más potente de betacaroteno disponible en todo el mundo, las algas azules y las verdeazuladas, se las denomina los superalimentos perfectos porque rebosan de proteínas de calidad superior, fibra, vitaminas, minerales y enzimas.

Spirulina

Es un alga extremadamente alta en proteínas y rica en vitaminas B, aminoácidos, betacaroteno, y ácidos grasos esenciales. Es fácil de digerir, por lo que aumenta rápidamente la energía y la mantiene durante largos periodos.

Pasto —o germinado, o brote— de cebada silvestre

El pasto —o germinado— de cebada silvestre contiene vitaminas, minerales, proteínas, enzimas, y clorofila. Contiene vitamina C, vitamina B_{12}, y más calcio que la leche de vaca. También ayuda con las condiciones inflamatorias estomacales y del sistema digestivo.

Pasto —o germinado, o brote— de trigo

El pasto —o germinado— de trigo se ha utilizado en todo el mundo para aliviar muchas enfermedades graves, y para regenerar, limpiar y fortalecer el cuerpo gracias a su increíble valor nutricional. Quince libras de hojas de trigo equivalen a casi cuatrocientas libras de los vegetales más perfectamente cultivados.

Kyo-Green

Kyo-Green, de Wakunaga de América, es mi superalimento verde favorito de todos los tiempos por la sinergia de sus ingredientes. Kyo-Green contiene pasto de cebada, pasto de trigo, chlorella, y kelp. Es una fórmula potente que ayuda a limpiar el torrente sanguíneo, a desintoxicar el sistema, y aporta al cuerpo minerales, enzimas y muchos nutrientes importantes, suministrando energía para un óptimo rendimiento diario. Unidos, estos ingredientes hacen tanto más por su cuerpo que cualquiera de los superalimentos verdes solos. Eso es sinergia. ¡Recomiendo que beba una bebida verde cada día!

EL PODER DE LOS HONGOS

En mi búsqueda del bienestar, yo usaba lo que llamo hongos poderosos. Ahora, el interés en estos mismos hongos literalmente ha... ¡brotado como hongos! Los investigadores han descubierto ciertas clases de hongos llenos de una larga lista de sustancias que pueden ayudar a luchar contra las enfermedades. Lo más emocionante es que estimulan la inmunidad, y algunos incluso pueden ser eficaces contra el cáncer y las enfermedades cardiacas. Los investigadores han descubierto que los hongos producen muchos compuestos beneficiosos que los ayudan a sobrevivir contra otros hongos y microbios. Las mismas sustancias que usan para defenderse pueden ayudar también a los humanos. Éstos contienen componentes conocidos como *polisacáridos,* que activan el sistema inmune ayudando al cuerpo a crear y son guerreros del sistema inmune que destruyen invasores y pueden detener el crecimiento de tumores.

Se cree que incorporar cualquiera de los hongos poderosos a su dieta tendrá como resultado una recuperación drástica debido a la sinergia con el sistema inmune. Según el autor Christopher Hobbs en su libro *Medicinal Mushrooms* (Hongos medicinales) se cree que los esteroides y terpenos que también contienen ayudan a luchar contra la formación de tumores cancerosos.[3] Al agregar uno de estos poderosos hongos al programa de equilibramiento de su cuerpo, estará agregando un arma más poderosa para mejorar su sistema inmune.

HONGOS PODEROSOS

→ *Reishi:* estimula la inmunidad, tiene propiedades antitumorales y antiinflamatorias, y ayuda a aliviar la artritis.

→ *Shiitake:* tiene posibles propiedades antivirales y anticancerígenas y es un energizante. También es delicioso cuando se lo utiliza para cocinar.

→ *Maitake:* tiene propiedades antitumorales; puede proteger el hígado y bajar la presión sanguínea. Contiene beta-glucan, el cual es un químico que potencia la inmunidad.[4]

HIERBAS

Estas plantas probadas y aprobadas por el tiempo son realmente regalos de Dios. Él nos ha dado cada hierba del campo para la sanidad y el fortalecimiento de nuestros cuerpos. ¡Muchas de nuestras medicinas modernas derivan de las hierbas! Los investigadores saben que son muy poderosas y muy eficaces. Aún se continúa investigando cómo y por qué las hierbas traen equilibrio y sanidad a nuestras vidas. En Europa, las hierbas se han usado durante siglos, y se las continúa usando diariamente. Ahora los estadounidenses están adoptando las hierbas como una forma de tratar y prevenir la enfermedad. Debo enfatizar, sin embargo, que la educación es clave cuando se trata de tomar hierbas. Son poderosas y se las debe tratar con respeto. Actualmente los médicos ven a pacientes tomar remedios herbales junto con las medicinas que les han prescripto. Esto puede ser verdaderamente peligroso porque pueden producirse interacciones muy reales y peligrosas. Algunas pueden poner en riesgo la vida.

Comencemos con un poquito de Herbología 101. Existen tres tipos básicos de hierbas:

● *Grado alimenticio*: las hierbas de grado alimenticio se toman diariamente para sustentar al cuerpo, limpiar el sistema, y fomentar el equilibrio. Tienen un margen de error virtualmente ilimitado (lo cual significa que pueden consumirse en casi cualquier cantidad sin inconvenientes).

- *Grado medicinal:* las hierbas medicinales se usan en tiempos de crisis, tales como resfrío, gripe, o infección. Se utilizan durante breves periodos de tiempo; de otro modo, podría producirse una inversión de los beneficios.

- *Venenosas:* las hierbas venenosas brindan beneficios específicos a corto plazo, pero no tienen margen de error; si se las utiliza mal, causan un deterioro de la salud rápido y continuo y posiblemente la muerte.

Para mayor información acerca del uso de hierbas naturales, consulte mi libro *Natural Health Remedies* (Remedios naturales), capítulo dos.[5]

SUPLEMENTOS DE ENZIMAS

La *suplementación de enzimas* puede lograr un mundo de diferencia en el cuerpo de una mujer. Muchas de mis anteriores clientes observaron varias mejoras. Algunas eran sutiles, mientras que otras eran más bruscas. Lo que comúnmente se informó fue el aumento en el nivel de energía. Además, el sueño mejoró, y la hinchazón y los gases se convirtieron en cosa del pasado. Al mejorar la digestión, puede perder ese "salvavidas" o exceso de peso alrededor de la cintura. La sensación de pesadez después de la comida desaparecerá y en su lugar se sentirá más liviana y cómoda. Esto es simplemente el resultado de que el sistema digestivo se está reabasteciendo de abundantes enzimas digestivas. El cuerpo no gastará energía extra en el proceso digestivo porque las enzimas han aliviado el trabajo.

Recuérdelo siempre: los alimentos que come son *combustible*. Deberían vigorizarla, no dejarla fuera de juego por fatiga e hinchazón. Una mujer es tan saludable y bella físicamente como lo que es capaz de asimilar y eliminar. Los suplementos de enzimas la ayudarán a hacer ambas cosas. Aunque es posible recibir enzimas de los alimentos crudos que ingerimos, tales como mangos, papayas, bananas, aguacates, y piña, sugiero con convicción que se cerciore de estar "enzimáticamente asegurada", complementando su cuerpo con enzimas digestivas de origen vegetal.

Recomendación de la Dra. Janet:

i no fabrica suficientes enzimas, ¡tómelas!

Las enzimas vegetales favorecen la digestión. Para activarse deben estar en el nivel de pH apropiado. Las enzimas de origen vegetal son consideradas más eficaces porque tienen la capacidad de operar a través de toda la gama de pHs gástricos presentes en todo el sistema digestivo. Una fórmula ideal de enzimas de origen vegetal debería contener lo siguiente:

- Proteasa (digiere la proteína)
- Amilasa (digiere los almidones)
- Lipasa (digiere las grasas)
- Lactasa (digiere la el azúcar de la leche)
- Celulasa (digiere la fibra vegetal)
- Invertasa (digiere el azúcar refinada)
- Fitasa (descompone el ácido fítico)

La recomendación general es tomar dos enzimas vegetales al comienzo de cada comida.

HAGA ESTE TEST DE ENZIMAS

Observe la siguiente tabla para determinar qué enzimas necesita agregar a su programa para el equilibrio.

Deficiencia de amilasa
- ❑ Lastimaduras en la piel, sarpullido
- ❑ Hipoglucemia
- ❑ Depresión
- ❑ Cambios de estado de ánimo
- ❑ Alergias

❑ Síndrome premenstrual
❑ Sofocones
❑ Fatiga
❑ Manos y pies fríos
❑ Dolor de cuello y hombros
❑ Protuberancias
❑ Inflamación

Deficiencia de proteasa
❑ Debilidad en la espalda
❑ Formas fúngicas
❑ Constipación
❑ Presión sanguínea alta
❑ Insomnio
❑ Problemas de audición
❑ Parásitos
❑ Desórdenes gingivales
❑ Gingivitis

Deficiencia de lipasa
❑ Dolor de pies
❑ Artritis
❑ Problemas de vejiga
❑ Cistitis
❑ Acné
❑ Estrés vesicular
❑ Cálculos en la vesícula
❑ Fiebre del heno
❑ Problemas de próstata
❑ Soriasis
❑ Constipación
❑ Diarrea
❑ Problemas cardiacos

Deficiencia de combinaciones
❑ Alergias crónicas
❑ Resfríos comunes
❑ Diverticulitis
❑ Intestino irritable
❑ Fatiga crónica
❑ Infecciones de los senos nasales
❑ Condiciones inmunodepresivas

SALUD DEL SISTEMA INMUNE

El sistema inmune es un sistema complejo que depende de la interacción de muchas células, órganos, y proteínas diferentes. Su función es identificar y eliminar las sustancias extrañas que invaden el cuerpo. Los componentes vitales de este sistema incluyen la glándula timo, la médula ósea, el sistema linfático, el hígado, y el bazo. Cuando su sistema inmune experimenta un desequilibrio, se presentan muchos síntomas que pueden alertarla sobre la necesidad de dar los pasos necesarios para la sanidad. Éstos incluyen:

- Problemas respiratorios crónicos
- Fatiga
- Alergias
- Sobrecrecimiento de levadura
- Resfríos o gripes frecuentes
- Inflamación glandular
- Asma
- Erupciones cutáneas
- Molestias digestivas
- Cefaleas frecuentes

En la sociedad de hoy cada vez resulta más difícil mantener fuerte el sistema inmune. Sin una inmunidad fuerte, usted es más susceptible a las enfermedades. Este sistema lucha diariamente contra muchos patógenos (levaduras, parásitos, hongos, y virus), como así también antígenos (polen, químicos, drogas, células malignas, y más). Su sistema inmune es la farmacia más grande del mundo, fabricando mas de cien mil millones de tipos de medicinas conocidas como *anticuerpos* para atacar a cualquier germen o virus indeseable que entre en el cuerpo. Lo mejor de todo es que ninguna de las medicinas elaboradas por su *farmacia interna* produce efectos secundarios, son gratuitas, y son los agentes curativos más poderosos conocidos por el hombre. Su sistema inmune tiene un solo requisito: la materia prima adecuada para producir las medicinas internas para protegerla de la enfermedad. Las siguientes recomendaciones la ayudarán a fortalecerse en tiempos de estrés, alivianar la carga del sistema inmune, y hacer una lista de qué nutriente reforzará y fortalecerá su inmunidad.

REFUERCE SU SISTEMA INMUNE

Pautas dietarias para reforzar su sistema inmune

Coma lo más parecido posible al *huerto original* eligiendo:

→ Frutas y vegetales frescos
→ Ajo y cebollas (aumentar la inmunidad)
→ Alimentos con alto contenido de fibra
→ Mariscos
→ Yogur y kéfir
→ Evite alimentos con azúcar (pasteles, tortas), que disminuyen la inmunidad
→ Evite comidas fritas, carne roja, y alimentos refinados

Suplementos para reforzar la inmunidad

Las siguientes hierbas y remedios naturales ayudarán a su cuerpo a lograr el equilibrio del sistema inmune:

→ Una taza de té verde
→ Moducare (esterol vegetal de Natural Balance)
→ Acidófilos líquidos Bio-K
→ Vitamina A: poderosa reforzadora del timo
→ Vitamina B_6 (P5F, piridoxal-5-fosfato): muchas mujeres carecen de las enzimas para convertir la vitamina B_6 a su forma activa. P5F es la forma más biodisponible de vitamina B_6
→ Complejo B
→ Vitamina C: agente antibacterial, antiviral, y anticarcinogénico y poderoso antihistamínico natural
→ Vitamina E (succinato d-alfa tocoferilo, vitamina E natural) conocida como la "fuente de la juventud". La vitamina E es un

antioxidante activo con muchos beneficios de protección
→ Una bebida verde todos los días: chlorella, spirulina, kelp, Chlorophyll Liquid, Barley Green, Kyo-Green
→ Extracto de leche de cardo
→ CoQ_{10}: 100 mg. por día, poderoso antioxidante excelente para la salud y esencial para un funcionamiento inmune óptimo.
→ Ácido alfa-lipoico (ácido tióctico): tiene potente acción antioxidante en casi todos los tejidos del cuerpo
→ L-glutatione: el más potente desintoxicante y luchador contra los radicales libres
→ Selenio (selenometionina): el cuerpo lo requiere para elaborar glutatione
→ Citrato de cinc: optimiza el timo y favorece la producción de la hormona tímica
→ Enzimas vegetales con cada comida: optimizan la digestión y la asimilación
→ Raw thymus glandular
→ Éster C: 3,000 mg. por día
→ Probióticos: refuerzo inmunológico
→ Magnesio: las células que carecen de magnesio liberan más citoquinas pro-inflamatorias, que luego causan más producción de radicales libres y más daño

Refuerzo de la actividad de los glóbulos blancos
→ Lactoferrina
→ Beta-glucan
→ Equinácea
→ Extracto de hoja de olivo
→ Astrágalo
→ Hongos poderosos: maitake, shiitake, y/o reishi

Cambios en su estilo de vida para optimizar su inmunidad y lograr el equilibrio
→ Descansar lo suficiente
→ Dejar de fumar
→ Usar terapia de masajes

→ Comenzar a hacer ejercicio regularmente
→ Tomar quince minutos de sol por la mañana temprano todos los días
→ Reírse con sus amigos
→ Practicar respiración profunda
→ Profundizar su vida de oración

SÍNDROME DE FATIGA CRÓNICA

El síndrome de fatiga crónica es un desorden que se caracteriza por una sensación de debilitamiento y falta de energía. Esta condición tiene una variedad de causas. Los investigadores han descubierto que en efecto hay cierto número de virus involucrados, incluyendo el virus Epstein-Barr, el citomegalovirus, y el herpes simple. Se ha descubierto que los parásitos y candida albicans también son parte del panorama clínico. Las glándulas suprarrenales agotadas y la baja inmunidad crean el marco para esta condición viral médicamente incurable. La mayoría de las víctimas son mujeres generalmente entre edades de treinta y cincuenta. La mayoría de las veces quienes la sufren son de personalidad tipo A: rinden más de lo esperado, son extrovertidas, independientes, y autónomas. A menudo

Recomendación de la Dra. Janet:

Se ha demostrado clínicamente que los esteroles vegetales y las esterolinas restauran, fortalecen, y equilibran el sistema inmune corporal, con una proporción clínicamente probada de 100:1. Son un suplemento muy importante. Recomiendo Moducare, disponible en su tienda local de alimentos naturales.

tienen altos niveles de estrés y baja salud suprarrenal. Por lo tanto, los remedios naturales para esta condición se centran en restablecer la salud suprarrenal, eliminando levaduras y parásitos, y optimizando el funcionamiento inmunológico.

Esta enfermedad consta de tres etapas. La primera se reconoce por una fatiga debilitante. Puede comenzar meramente como un ansia de mayor descanso y progresar a una necesidad de descanso en cama de hasta seis meses. La persona que la sufre tendrá fiebre baja, dolor de garganta, debilidad muscular, problemas gastrointestinales, y ganglios linfáticos doloridos.

La segunda etapa de la fatiga crónica trae aún más síntomas. Quienes la sufren desarrollarán zumbido en los oídos, acompañado de depresión, irritabilidad, alergias, vértigo, y dolores musculares agudos. La persona se verá asediada por el bajo nivel de azúcar en sangre (hipoglucemia). Uno de los síntomas de esta segunda etapa –tinnitus, o zumbido en los oídos– puede remediarse siguiendo el protocolo de la página 102.

La tercera etapa del síndrome de fatiga crónica agrega sudor nocturno, infecciones frecuentes, descenso de peso acompañada de pérdida de apetito, fatiga extrema, desmayos, inmunidad extremadamente baja, palpitaciones cardiacas, y desórdenes del sistema nervioso.

Afortunadamente, existen remedios naturales que pueden ayudar a superar esta dolencia debilitante y causante de fatiga. Estos incluyen pautas alimentarias, remedios herbales, e importantes cambios en el estilo de vida.

SUPERAR EL SÍNDROME DE FATIGA CRÓNICA

Seguir estas pautas alimentarias:
- Evitar los azúcares refinados, alcohol, lácteos y trigo
- Comer alimentos frescos: arroz integral, abundante fibra, yogur, vegetales de hoja oscura, ciruelas pasas, germen de trigo, jugos vegetales, ajo y cebollas

Incorporar estos remedios naturales:
- Enzimas digestivas vegetales
- Complejo B
- Cloruro de magnesio: 800 mg.
- Jalea real
- Cápsulas de hongo reishi
- Carnitina: 2,000 mg. por día
- Adrenal Glandular
- Éster C: 3,000-5,000 mg.
- Una bebida verde por día

→ Extracto de hoja de olivo

→ Extracto de semilla de toronja

→ Candex, para la erradicación de la levadura

→ Extracto de leche de cardo

→ Acidófilos Bio-K

→ Astrágalo

→ CoQ_{10}: 100 mg. por día

Realizar estos cambios en su estilo de vida:

→ Hacerse masajes al menos tres veces por mes

→ Manejar el estrés

→ Comenzar un programa de caminatas

→ Pasar quince minutos al sol durante la mañana

Protocolo de la Dra. Janet para aliviar el zumbido en los oídos

PARA AYUDAR A ALIVIAR EL ZUMBIDO:

→ Gingko biloba por tres meses

→ Cápsulas de arándano

→ Cápsulas de jengibre

→ CoQ_{10}: 200 mg. dos veces por día

→ Tomar un suplemento de fibra por día

→ Usar Sytrino para ayudar a bajar el colesterol

→ El picolinato de cromo ayudará a bajar los triglicéridos

→ Pruebe Hear All del Dr. Bob Martín (fórmula totalmente natural)

NUTRIENTES PARA COMBATIR EL ESTRÉS ASOCIADO CON EL TINNITUS:

→ Complejo B

→ L-teanina, hasta tres veces por día

→ Calcio: 1,500 mg.

→ Magnesio: 800 mg.

→ B_{12} sublingual: 2,500 mcg. por día

→ Cimicifuga racemosa para reparar los nervios

→ Jalea real todos los días

Para mayor información sobre cómo hallar el equilibrio de su sistema inmune, lea mi libro *90-Day Immune System Makeover* (Reorganización completa del sistema inmune en 90 días). Además de fortificar su sistema inmune con suplementos específicos, debe tratar con todo hábito de su estilo de vida que no sea saludable. Debe tratar las situaciones de la vida que le estén robando la salud y la energía, tales como estar cerca de una persona o grupo, en un edificio o ambiente de trabajo o en el hogar, o en alguna otra situación específica, que la deja extremadamente cansada o estresada. Descubrir lo que la agota y la cansa la ayudará a determinar cuáles son los factores externos que pueden estar contribuyendo a la baja inmunidad. También restablecerá el equilibrio de su vida emocional.

Hacer ejercicio regularmente, tener el descaso adecuado, y tener una vida mental y espiritual saludable ayudarán aún más a asegurar su inmunidad. Estas tres pautas asegurarán que usted sea una mujer naturalmente equilibrada: física, emocional, y espiritualmente.

CAPÍTULO 4
PAUTAS PARA EL CONTROL DE PESO

El control de peso es tan importante para la salud y la felicidad de una mujer que he dedicado un capítulo entero a este tema. Los problemas de peso de una mujer no pueden ser sanados completamente hasta que ella haya aceptado su cuerpo incondicionalmente. Un componente importante del equilibrio corporal es recuperar la aceptación del cuerpo y la autoestima que la mujer perdió cuando entró a la adolescencia. Antes de brindarle mis lineamientos para que alcance su peso óptimo, deseo darle cinco pasos a los que pueda remitirse a menudo durante tres semanas mientras implementa mis recomendaciones para perder peso.

PASOS PARA DESARROLLAR UN MEJOR CONTROL DEL PESO

1. Trate de hacerse amiga de su cuerpo tal como es, y confeccione ahora mismo una lista de cinco cosas que le agradan de su cuerpo. Recuerde esos puntos la próxima vez que se sienta autocrítica.

2. Mejore su postura; párese erguida, y camine con gracia. Vístase para destacar sus mejores características.

3. Continúe haciéndose cargo de su salud. Tome el hábito de recorrer con la vista su cuerpo una vez

al día, prestando atención a las áreas en las cuales siente dolor o tensión. Mucho tiempo antes de que se desarrolle una enfermedad, su cuerpo suele enviarle señales de advertencia. El prestarles atención le ayudará a mantener un alto nivel de energía así como también a prevenir una crisis mayor en su salud. Continúe con los exámenes de chequeo médico: presión sanguínea, senos, piel, y control del colesterol; papanicolau (PAP) y chequeos dentales.

4. No se prive. Asegúrese de comer mucha fruta, verduras, y cereales integrales para protegerse de por vida de toda clase de enfermedades crónicas, además de ayudar a mantener el equilibrio en su peso. Cuando tenga muchas ganas de comer chocolate, ¡consiéntase! Pero ¡no exagere!

5. De vez en cuando todos nos estresamos demasiado, ya sea por las obligaciones familiares, el trabajo, o simplemente por hacer demasiadas cosas. Cuando su cuerpo y alma se agotan, usted necesita descansar, con el sustento emocional y espiritual para restablecer el equilibrio. Hágase el tiempo para recuperar el sueño perdido. Pase tiempo de calidad con un buen amigo. Disfrute una cena romántica. Escape para tener un fin de semana largo a solas, o pase un día arreglando el jardín. Lo que sea que funcione para usted, está bien; simplemente transfórmelo en un hábito. ¡Usted lo vale![1]

Perder peso se ha transformado en una obsesión nacional en los Estados Unidos. Muchas mujeres están continuamente tratando de perder peso por medio de dietas, ejercicios, remedios a base de hierbas, modificaciones en la conducta, etc. Es lamentable que esta obsesión a menudo sea provocada por inquietudes que conciernen a la apariencia en vez de a la salud. Tristemente, las mujeres se vuelven hacia la moda antes que a la salud cuando se debe determinar el peso ideal.

Como mencioné a lo largo de este libro, la única manera de disfrutar la salud óptima y el equilibrio es con una revisión del estilo de vida. Lograr su peso perfecto requiere que usted haga lo mismo. Debe enfocar esta revisión de un paso a la vez. Cierto, la pérdida de peso sucederá si limita la ingesta de alimentos a 1,500 calorías por día, pero esa pérdida será a corto plazo y difícil de mantener. La verdad es que la alimentación adecuada y los suplementos nutricionales combinados con un programa de ejercicios pueden equilibrar la química de su cuerpo, haciendo que le sea más fácil

Recomendación de la Dra. Janet:

¿Tiene ganas de comer chocolate? Tome 250 mg. de magnesio.[2]

bajar de peso, mantener esa pérdida de peso, ¡y volverse más saludable que nunca antes!

Hay tres números importantes que le ayudarán a determinar si su peso actual y su contextura física están contribuyendo o no a la posibilidad de desarrollar enfermedades cardíacas, diabetes, cáncer, artritis, incontinencia, nódulos de mama, cáncer, cálculos biliares, derrame cerebral e hipertensión.

Primero, determinemos su *índice de masa corporal*, comúnmente conocido como IMC. Su IMC es un método más seguro que una balanza para determinar cuánto de su cuerpo consiste en grasas y cuánto es músculos y huesos. Para determinar su IMC, simplemente multiplique su peso por 703. Divida esa cantidad por su altura en pulgadas, y después divida esa respuesta una vez más por su altura en pulgadas. [En sistema métrico decimal, IMC = Peso en Kg sobre (Altura en metros, al cuadrado). O sea: multiplique altura por altura —expresada en metros—. Luego divida su peso en kilogramos por el resultado de la cuenta anterior.] Un IMC saludable oscila entre 18.5 y 24.9. Los números de 25 a 29.9 indican sobrepeso. El número 30 o más indica obesidad.

Usted siempre debería medir su *proporción cintura/cadera*. Simplemente mida alrededor de la parte completa de las nalgas. Después mida la cintura en la parte más angosta del torso. Ahora divida la medida de su cintura por la medida de la cadera. Una proporción saludable es menos de 0.8. La proporción ideal es 0.74. Si la proporción es mayor que 0.85, corre riesgo de contraer cualquiera de las enfermedades que mencioné anteriormente.

Para averiguar su *porcentaje de grasa corporal*, puede comprar una balanza que mida el porcentaje de peso y grasa (son bastante certeras), o medirlo en el gimnasio, o pedírselo a su médico. Un porcentaje de grasas entre 20 y 28 se considera saludable para las mujeres en los años perimenopáusicos y menopáusicos, mientras que 12 a 23 por ciento es ideal para las mujeres más jóvenes.

Si sus números están en el registro saludable, bien para usted. Si no, la buena noticia es que puede cambiar sus números a un registro saludable realizando los siguientes cambios en su estilo de vida, o tratando las siguientes áreas.

¿AUMENTÓ DE PESO? EXAMINE SU TIROIDES

Se estima que una de cada cuatro mujeres estadounidenses puede atribuir su sobrepeso a la disminución o limitación de hormonas de la tiroides. Las mujeres con un funcionamiento saludable de tiroides queman las calorías más eficientemente. Los siguientes síntomas acompañan una baja producción de hormonas de la tiroides, también conocida como hipotiroidismo: fatiga, depresión, debilidad, aumento de peso, altos niveles de colesterol, baja temperatura corporal, y pérdida de cabello. Cuando el nivel de hormonas de la tiroides se restablezca, mejorarán su nivel de energía, el peso, la temperatura, la fuerza muscular, el colesterol, la salud emocional, y más. Si usted se relaciona con algunos de estos síntomas, vea a su proveedor de asistencia médica, y solicite un análisis de sangre para verificar el funcionamiento de la tiroides, y análisis de TSH (hormona estimulante de la tiroides), T4 libre y T3.

Existen suplementos naturales que pueden facilitar el corregir la disfunción de tiroides. La L-tiroxina cumple un rol crucial en ayudar a la glándula tiroides. La tiroxina estimula su metabolismo además de actuar como precursora de la dopamina, la norepinefrina, y la epinefrina, que son sustancias químicas del sistema nervioso que afectan el metabolismo, la agudeza mental y los niveles de energía. La tiroxina puede tomarse en forma de suplemento con una comida que contenga proteínas. Si su médico encuentra que usted sufre hipotiroidismo, puede tomar L-tiroxina con su medicación para la tiroides. Asegúrese de seguir controlando su tiroides con análisis de sangre periódicos. Puede llegar a reducir o eliminar la necesidad de medicamentos.

Para probar por usted misma una tiroides hipoactiva, realice este test desarrollado por la Dra. Broda Barnes, autora de *Hypothyroidism: The Ususpected Illness* (Hipotiroidismo: la enfermedad insospechada). Tenga un termómetro basal en su mesa de luz. Antes de acostarse, sacuda el termómetro y colóquelo en un lugar donde pueda alcanzarlo fácilmente desde la cama. Por la mañana, antes de levantarse, quédese inmóvil, y colóquese el termómetro debajo de la axila por diez minutos. Manténgase tranquila y quieta: cualquier movimiento puede alterar la lectura. Registre las lecturas del termómetro durante los próximos diez días:

	Fecha	Temperatura
1.	_____	_____
2.	_____	_____
3.	_____	_____
4.	_____	_____
5.	_____	_____
6.	_____	_____
7.	_____	_____
8.	_____	_____

9. _____   _____

10. _____   _____

Las mujeres no deberían tomar una lectura durante los primeros días de su ciclo menstrual o en mitad de su ciclo porque la temperatura corporal fluctúa en esos momentos. Una lectura normal oscila entre 97.8 y 98.2 grados Fahrenheit (36.5 y 36.7 grados Centígrados). Una temperatura por debajo de los 97.6 grados Fahrenheit (36.4 °C) puede indicar bajo funcionamiento de tiroides.

INFLAMACIÓN

Las reacciones traumáticas y bacteriales, virales y alérgicas pueden manifestarse como hinchazón, retención de líquidos, y abotagamiento, todos equivalentes a aumento de peso. Para averiguar si la inflamación está contribuyendo a su peso actual o a su reciente aumento de peso, siga las siguientes recomendaciones. Lo sabrá rápidamente mientras ve disminuir el número de la balanza.

- Elimine los productos lácteos, y elija leche de arroz, soja, o almendras. Escoja queso de arroz, soja o almendra.
- Elimine el trigo; use pan o galletitas de mijo, arroz, avena, amaranto o quinoa; y pastas hechas con arroz, quinoa, o trigo sarraceno. ¡Pruebe las galletitas de mijo, avena, o arroz!

Al agregar los siguientes antiinflamatorios naturales facilitará la disminución de la inflamación mientras elimina el trigo y los lácteos.

- Quercetin: un antihistamínico natural, 500 mg dos veces por día.
- Bromelia: enzima digestiva conocida por sus propiedades antiinflamatorias, 1,000 mg después de las comidas.

- MSM (Metilsulfonilmetano): el más potente antiinflamatorio de la medicina natural, 250 mg de gránulos de MSM, tres veces por día con las comidas.
- Cromo: facilitará el aumento de masa corporal sin grasa y disminuirá el porcentaje de grasas.
- Fibra: favorece la pérdida de peso y ayuda a refrenar el apetito y la sensación de hambre. Además, facilita la eliminación de desechos que se liberan durante la pérdida de peso. Consuma diariamente 4-6 cucharadas de semillas de lino molidas.
- Agregue estas sustancias que queman grasas: L-carnitina, 1000 mg diarios; magnesio, 400-800 mg diarios; té verde; 100 mg de catequinas de té verde tres veces por día.
- ALC (ácido linoleico conjugado; CLA en inglés): 3000 mg diarios, pero no lo tome avanzada la tarde o por la noche.

MANEJAR EL ESTRÉS

La ansiedad puede incitarla a comer en exceso. Para determinar el nivel de ansiedad que experimenta en su vida, realice los siguientes autotests. Evaluará los síntomas y le ayudará a saber si la ansiedad es uno de los agentes que minan su salud y con los que debe lidiar.

Escala de ansiedad de Hamilton (HAMA)

Marque solamente el casillero que corresponda en cada caso.[3]

Ansioso: preocupación, expectativa de lo peor, expectativas temerosas, irritabilidad
- ❏ No presente
- ❏ Leve
- ❏ Moderado
- ❏ Fuerte
- ❏ Muy fuerte

Tensión: sensación de tensión, agotamiento, nerviosismo, tendencia al llanto, temblores, sensación de intranquilidad, agitación e incapacidad de relajarse
- ❑ No presente
- ❑ Leve
- ❑ Moderada
- ❑ Fuerte
- ❑ Muy fuerte

Temor: temor a la oscuridad, a extraños, a ser dejado solo, a los animales, al tránsito, a multitudes
- ❑ No presente
- ❑ Leve
- ❑ Moderado
- ❑ Fuerte
- ❑ Muy fuerte

Insomnio: dificultad para dormirse, dificultad en el sueño durante la noche, falta de descanso, agotamiento al despertar, sueños, pesadillas
- ❑ No presente
- ❑ Leve
- ❑ Moderado
- ❑ Fuerte
- ❑ Muy fuerte

Problemas de la función intelectual: dificultad para concentrarse, pérdida de memoria
- ❑ No presente
- ❑ Leve
- ❑ Moderado
- ❑ Fuerte
- ❑ Muy fuerte

Ánimo depresivo: pérdida de interés, disminución del placer por los pasatiempos, desaliento, despertar temprano, fluctuaciones diarias del ánimo
- ❑ No presente
- ❑ Leve
- ❑ Moderado
- ❑ Fuerte
- ❑ Muy fuerte

Síntomas somáticos generales (musculares): dolor muscular, espasmo muscular, rigidez muscular, espasmo mioclónico, bruxismo, voz temblorosa, tono muscular en aumento
- ❑ No presente
- ❑ Leve
- ❑ Moderado
- ❑ Fuerte
- ❑ Muy fuerte

Síntomas somáticos generales (sensoriales): tinnitus (zumbido en los oídos), visión borrosa, sofocos y escalofríos, sensación de debilidad, "hormigueos"
- ❑ No presente
- ❑ Leve
- ❑ Moderado
- ❑ Fuerte
- ❑ Muy fuerte

Problemas cardiovasculares: taquicardia, palpitaciones, dolor de pecho, dolor venoso punzante, sensación de desvanecimiento, latidos irregulares
- ❑ No presente
- ❑ Leve
- ❑ Moderado
- ❑ Fuerte
- ❑ Muy fuerte

Síntomas respiratorios: sensación de presión y tensión en el pecho, sensación de asfixia, pérdida de aliento, disnea
- ❑ No presente
- ❑ Leve
- ❑ Moderado
- ❑ Fuerte
- ❑ Muy fuerte

Síntomas gastrointestinales: dificultad para tragar, flatulencia, dolor de estómago, dolor antes o después de comer, acidez estomacal, sensación de saciedad, eructos, náuseas, vómitos, trastornos intestinales, diarrea, pérdida de peso, constipación
- ❑ No presente
- ❑ Leve

- ❑ Moderado
- ❑ Fuerte
- ❑ Muy fuerte

Síntomas urogenitales: micción frecuente, impulsos de orinar, amenorrea, menorragia, desarrollo de frigidez, pérdida de la libido, impotencia

- ❑ No presente
- ❑ Leve
- ❑ Moderado
- ❑ Fuerte
- ❑ Muy fuerte

Síntomas neurovegetativos: sequedad de la boca, rubor, palidez, tendencia a transpirar, vértigo, dolor de cabeza producido por la tensión, "piel de gallina"

- ❑ No presente
- ❑ Leve
- ❑ Moderado
- ❑ Fuerte
- ❑ Muy fuerte

Conducta durante la entrevista (si hubo una visita clínica): inquietud, agitación, impaciencia, temblor de la mano, fruncir el ceño, rostro cansado, dificultad para respirar o respiración rápida, palidez facial, tragar aire, temblor de párpados, tics nerviosos, transpiración

- ❑ No presente
- ❑ Leve
- ❑ Moderado
- ❑ Fuerte
- ❑ Muy fuerte

Asigne puntos a cada respuesta de la siguiente manera:

- ↪ No presente: 0
- ↪ Leve: 1
- ↪ Moderada: 2
- ↪ Fuerte: 3
- ↪ Muy fuerte: 4

Puntaje total _____

Un puntaje de 18-24 puede indicar ansiedad leve; de 25-29, ansiedad moderada; un puntaje de más de 30 puede indicar una ansiedad severa.

He encontrado que este test es invalorable como herramienta no sólo para educar a individuos que padecen de ansiedad sobre la verdadera epidemia de ansiedad, sino también como una guía para registrar los progresos.

Si usted está lidiando con el estrés y la ansiedad, reemplace todos los alimentos que incrementan los síntomas, tales como cafeína, chocolate, café, té negro, azúcar, y alcohol, por alimentos tranquilizantes tales como arroz integral, aves, pescado, verduras, y cereales integrales.

Ahora usted está listo para comenzar a dar sus primeros pasos importantes hacia un mejor control de peso.

PROGRAMA DE LA DRA. JANET PARA LA PÉRDIDA DE PESO

Pautas

1. Realice diariamente tres comidas, y dos refrigerios. Esto mantendrá estables los niveles de azúcar en la sangre.
2. Cuide el tamaño de la porción. Cierre el puño, que es la cantidad de proteína que debería ingerir en cada comida. Dos puños es la cantidad de frutas, verduras, y cereales ingeridos en cada comido. Un pulgar es la cantidad de grasas saludables en cada comida (aceite de oliva o de lino).
3. Ingiera proteínas en cada comida.
4. Incluya pescado en su dieta regularmente.
5. Coma solamente carne magra, y con moderación.
6. Incluya huevos y clara de huevos en su dieta.
7. Aprenda a disfrutar los beneficios de la soja y el tofu.
8. Beba deliciosos batidos de proteínas de suero
9. ¡Consuma con precaución los granos refinados! Muchas mujeres son *sensibles a los carbohidratos*, y esto les provoca trastornos alimentarios compulsivos

10. Coma en abundancia fruta y verdura en cada comida: cinco raciones por día, media taza equivale a una ración.
11. Beba mucha agua diariamente. Eso ayuda al cuerpo a eliminar las toxinas.

CALCULADORA DE PESO/AGUA

Peso total   _____

Divida por 2   _____

Onzas de agua diarias   _____

HAGA ELECCIONES SALUDABLES

Proteínas	*Carbo–hidratos: Frutas*	*Carbo–hidratos: Verduras/Cereales*	*Grasas*
Huevos Clara de huevo Pescado, atún, salmón Pollo (sin piel) Pavo (sin piel) Carne magra Proteína de suero en polvo Tofu (soja)	Manzanas Naranjas Pomelos Frutillas Peras Duraznos Ciruelas	Brócoli Frijoles o judías verdes Coliflor Espinaca Espárragos Zuchini (zapallito largo o italiano) Granos Cebada Avena Centeno Arroz integral	Aceite de oliva Aceite vegetal Almendras Nueces Palta o aguacate

La clave para recordar respecto a la pérdida de peso es el equilibrio. Asegúrese de que cada comida, y cada refrigerio, contenga carbohidratos que provean glucosa para su cerebro, proteína que provea los aminoácidos necesarios para construir y reparar las proteínas del cuerpo y liberar glucagon (la hormona que quema las grasas), y grasa para suplir los ácidos grasos necesarios para el control del azúcar en sangre, la supresión del apetito, y la producción de hormonas.

CÓMO PLANEAR SU COMIDA

Sugiero un programa de tres semanas para el control de peso a fin de que usted lo utilice para equilibrar esta área de su vida. Querrá seleccionar una proteína de gran calidad, dos carbohidratos (una fruta y una verdura), y una ración de grasas saludables en cada comida. Asegúrese de registrar su progreso en cada comida. Puede hacer fotocopias del plan diario de alimentación de la página 131, y llevar un diario de su camino de tres semanas hacia el equilibrio.

Le recomiendo seguir las siguientes pautas alimenticias para ayudarle a elegir la comida que más la ayudará a lograr equilibrio en su peso. Es necesaria una dieta rica en fibras. Las fibras mejoran la eliminación de las grasas, mejoran la tolerancia de la glucosa, y le dan una sensación de saciedad y satisfacción.

Haga hincapié en los siguientes alimentos: arroz integral, atún, pollo, pescado blanco, frutas y verduras frescas, alimentos magros de alto valor proteico, lentejas, porotos, pan de cereal integral, y pavo. Agregue a su dieta grasas saludables tales como aceites de oliva, de cártamo y de lino. Los batidos de proteínas de suero de leche ayudan a mantener estable el azúcar en sangre. Éstas realmente mejoran la eliminación de grasas. Evite los azúcares y los tentempiés que contengan sal y grasas, tales como papas fritas, helados, caramelos, galletitas, tortas, cereales para el desayuno con alto contenido de azúcar, y gaseosas. No escoja quesos muy grasos, cremas, leche entera, manteca, mayonesa, frituras, manteca de maní (a menos que sea natural), o aderezos pesados para ensaladas. No beba ninguna bebida alcohólica: tienen muchas calorías.

Ingiera diariamente varias comidas pequeñas en vez de saltearlas y comer una grande por día. Usted hasta debe desear darle a su cuerpo combustible para quemar a lo largo del día. De lo contrario su cuerpo en vez de quemar las grasas las almacenará para "sobrevivir".

A la vez que registra cada día de este programa de tres semanas, lleve un resumen de sus pérdidas de peso. Anote las cosas

TRES SEMANAS PARA BAJAR DE PESO SALUDABLEMENTE

Peso inicial: _____ *Día* _____ *Fecha* _____

Desayuno
    Proteína _____
    Carbohidrato _____
    Grasa _____
    Agua _____
Refrigerio
    Proteína _____
    Carbohidrato _____
    Grasa _____
    Agua _____
Almuerzo
    Proteína _____
    Carbohidrato _____
    Grasa _____
    Agua _____
Refrigerio
    Proteína _____
    Carbohidrato _____
    Grasa _____
    Agua _____
Cena
    Proteína _____
    Carbohidrato _____
    Grasa _____
    Agua _____

Ejercicio: Describa aquí su sesión de gimnasia (ejercicio diario)

_____

_____

Total de minutos _____Agua: _____ total (onzas o litros)

Emociones (observe su ánimo)

_____

_____

Importante: Deje tres horas entre su última comida y la hora de acostarse.

que hizo que cree que la ayudaron a bajar de peso, y las que pueden haberle impedido perderlo.

Lleve un registro de las vitaminas y suplementos que incluyó en su plan para bajar de peso. Le recomiendo los siguientes:

SUPLEMENTOS

Que queman grasas:

→ Té verde o cápsulas de té verde como termogénico. Corteza de sauce blanco, también como termogénico

→ ALC

→ Cromo picolinato, 200-400 mcg diarios, para restaurar el equilibrio del azúcar en sangre

→ Piruvato: 6-8 gm por día con jugo de fruta diluido

→ Pamplina: actúa como inhibidor del apetito

→ L-tiroxina o alga kelp: para protección de la tiroides y para elevar los niveles de serotonina

→ L- carnitina: promueve el músculo sin grasa

→ Beba abundante agua (la mitad de su peso en onzas)[a]

Suplementos antiinflamatorios:

Bromelia

Quercetin

MSM

El ALC (ácido linoleico conjugado, CLA en inglés) es otro suplemento que ayuda a perder grasas. Disminuye el depósito de grasas, especialmente en el abdomen. Las carnes rojas, la manteca, y el queso solían contener abundante cantidad de ALC. Hoy en día existe menos en los productos lácteos porque la mayoría de los bovinos se engorda artificialmente en omederos en vez de pastar en la hierba. Los norteamericanos consumen menos carne roja, manteca, y productos lácteos hoy en día, y se obtiene sólo una porción de ALC por medio de estas fuentes alimentarias comparado con las generaciones anteriores.

Se ha demostrado que el ALC posee fuertes propiedades anticancerígenas, siendo especialmente inhibidor de los tumores de mama y próstata, así como el colorectal, de estómago, y cáncer de piel, incluyendo el melanoma. Aún bajas concentraciones de ALC pueden inhibir el crecimiento de células cancerígenas.[4]

Se ha demostrado también que el ALC mejora la proporción de masa muscular y grasa del cuerpo, favoreciendo el desarrollo muscular.[5] La cantidad de ALC utilizada en los estudios de pérdida de peso humano fue de 3,000 mg de ALC puro. Recomiendo tomar al menos de 3,000-4,000 mg diarios, pero asegúrese de tomarlo todo de una vez, a la mañana temprano.

CAMBIOS DE ESTILO DE VIDA PARA MANTENER LA PÉRDIDA DE PESO

Será importante que usted implemente los siguientes cambios en su estilo de vida para tener éxito en el programa de pérdida de peso:

- Evite las dietas pasajeras, que no sirven y dan resultados temporarios.
- Coma despacio y mastique debidamente la comida. Tome tiempo para saborear su alimento.
- No coma cuando se sienta disgustada, solitaria o deprimida.
- La goma de mascar puede estimular su apetito, así que debería dejarla mientras trata de bajar de peso.
- Beba abundante agua.
- Manténgase regular. No se constipe.
- Comience un programa de caminatas (es mejor después de la cena). Vea las sugerencias para el programa de caminatas en el capítulo cinco.

Si está tratando de cambiar sus hábitos diarios sin una pequeña ayuda de sus amigos, podría estar perdiendo algo muy importante. Un estudio del *Journal of Consulting and Clinical Psychology* (Diario de Consulta y Psicología Clínica) encontró que el 95 por ciento de quienes se anotaron para un programa de pérdida de peso con tres amigos completaron el programa de cuatro meses, comparado con el 76 por ciento de quienes se registraron solos. Los que se anotaron con sus amigos no sólo perdieron más peso que sus compañeros, sino que también lo mantuvieron por más tiempo.[6]

LA CONEXIÓN CORTISOL-OBESIDAD

Estudios recientes sugieren un vínculo entre la obesidad central, marcada por la adiposidad abdominal, y una gran proporción de cintura y cadera, con niveles elevados de cortisol. El ejercicio, las técnicas de manejo del estrés tales como la relajación y la medicación, y los suplementos nutricionales, pueden ayudarle a controlar el estrés y disminuir el cortisol para promover una óptima salud y longevidad. Las siguientes son técnicas científicamente confirmadas que pueden ayudarle a proveer una respuesta saludable al estrés.

Técnicas de conducta para disminuir el estrés y controlar los altos niveles de cortisol:
- 30-45 minutos de ejercicios tanto anaeróbicos (entrenamiento de resistencia) como aeróbicos (correr, andar en bicicleta) día por medio.
- Relajación por meditación: 15-30 minutos diarios

Suplementos para reducir los niveles altos de cortisol derivados del estrés:
- Vitamina C: 1,000-3,000 mg por día
- Aceite de pescado (ácidos grasos omega-3): 1-4 gm por día
- Fosfatidilserina: 300-800 mg por día
- Rhodiola rosea: 100-200 mg por día, extracto estandarizado

- Ginseng: 100-300 mg por día, extracto estandarizado
- Ginkgo biloba:100-200 mg por día, extracto estandarizado
- DHEA (Dehidroepiandrosterona): 25-50 mg por día (cualquier suplemento de hormonas debe ser controlado por su médico).[7]

La pérdida de peso gradual es más permanente que la rápida. Sea paciente. Hay más probabilidades de que los resultados sean permanentes si la pérdida de peso es un proceso diario gradual de cambios en la dieta y el estilo de vida.

CONSEJOS PARA EL ÉXITO EN LA PÉRDIDA DE PESO
Mientras comienza con su programa para bajar de peso, siga estos consejos sencillos:

- → No se prive. Coma saludablemente.
- → Una porción de pastel de vez en cuando no arruinará su progreso. Sólo recuerde: la clave es 'de vez en cuando'.
- → Pida apoyo. Haga saber a sus amigos y a su familia que se propone bajar de peso, y consiga su apoyo.
- → Vuélvase hacia los amigos, la familia y la oración para solucionar cualquier problema personal, de modo que no busque consuelo en la comida.
- → Controle su salud. Continúe con los chequeos médicos de la presión sanguínea, del colesterol, papanicolau, mamografías, chequeos dentales, exámenes de la piel y evaluaciones quiroprácticas.
- → Encuentre propósito: llene su vida con las cosas que le importan más que la comida. Sea voluntario en la iglesia, participe en un programa de extensión, llame a miembros de su familia o a su mejor amiga, e involúcrese

con pasión. Encuentre una causa en la cual creer, ¡y abóquese a ella!

→ Ore. Una profunda vida de oración facilita la disminución del estrés, las presiones sociales, y la depresión, todo lo cual contribuye a que coma en exceso.

CAPÍTULO 5
LA IMPORTANCIA DEL EJERCICIO

El ejercicio es una valiosa herramienta para proveer equilibrio a la vida de una mujer. Cuando una mujer practica ejercicio moderado regularmente, al menos treinta minutos tres veces por semana, reduce el estrés, promueve la salud endocrina, mejora la circulación, eleva su ánimo y provee oxigenación a los músculos tensos y contraídos. Pero aunque este capítulo trata de las ventajas del ejercicio físico, permítame recordarle que para lograr un verdadero equilibrio y bienestar, se debe prestar a la salud emocional y espiritual tanta atención como la que se dedica al aspecto físico. Mientras trabajaba en este libro, leí esta afirmación, que me movió a compartirla con usted: "No sirve de mucho mantener el templo si el santuario interior está en ruinas".[1]

El ejercicio infunde vigor y levanta el espíritu. También ayuda a desintoxicarse. Además, existen beneficios médicos y psicológicos obvios, tales como incrementar la inmunidad y prevenir la obesidad y todos los riesgos que ésta conlleva para la salud, incluyendo las enfermedades cardíacas, alta presión arterial, colesterol elevado, etc.

La presión sanguínea alta, o hipertensión suele ser llamada "el asesino silencioso" porque una persona puede padecer hipertensión y no tener síntomas visibles. La causa exacta es muchas veces difícil de dilucidar. Como la presión alta es tan

LOS DIEZ BLOQUES DE CONSTRUCCIÓN ESENCIALES

frecuente entre personas que no realizan regularmente ejercicio físico, quiero darle algunas recomendaciones que puede utilizar como herramienta para equilibrar su presión arterial mientras comienza su programa regular de ejercicios. Mientras realiza estos cambios en la dieta y con los remedios a base de hierbas, asegúrese de ejercitarse regularmente para mantener al mínimo el estrés y bajar de peso. El programa de caminatas que presentaremos en este capítulo es excelente para ayudarle a disminuir la presión arterial.

EQUILIBRE SU PRESIÓN ARTERIAL

La hipertensión (alta presión arterial) se mide en dos etapas:

	Sistólica	*Diastólica*
Normal	120	80
Etapa I	140 a 159	90 a 99
Etapa II	160 a 179	100 a 109
Etapa III	180 a 209	110 a 119
Etapa IV	210 o más	120 o más

Aún la hipertensión de la Etapa I puede causar graves problemas de salud, aumentando las posibilidades de derrame cerebral, infarto, fallas renales, etc. Dé pasos inmediatos para disminuir la presión arterial si su lectura es mayor que 120/80.

Siga las siguientes pautas dietarias:

→ Ingiera alimentos ricos en fibra.

→ Reduzca la ingestión de sal, incluyendo los alimentos salados tales como los curados o ahumados, salsa de soja, papas fritas, y mezclas para sopas. La sal favorece la retención de líquidos, lo cual incrementa la presión arterial.

→ Evite la cafeína; eleva la presión sanguínea.

→ Agregue ajo, apio, aceite de oliva y aceite de lino a su alimentación.

→ Evite la salsa de soja, MSG (glutamato monosódico), y verduras enlatadas.

→ Evite los quesos y carnes ahumados y conservados, el chocolate, los caldos enlatados, y las grasas de origen animal.

→ Limite su ingesta de azúcar. Puede incrementar la retención de sodio.

→ Evite la fenilanina (presente en bebidas y alimentos dietéticos) y los antihistamínicos.

Hay muchos remedios naturales a base de hierbas que pueden ayudarle a disminuir la presión arterial:

→ Corteza de arjuna: 500 mg tres veces por día

→ Magnesio: 400-800 mg

→ Espino: 100-250 mg tres veces por día

→ Vitamina E: 100 UI diarias; pueden aumentarse a 400-800 UI diarias

→ Complejo vitamínico B

→ Calcio (citrato): 1,000 mg diarios

→ Aceite de pescado Omega-3 o aceite de lino

→ Extracto de espino (especialmente bueno para las palpitaciones)

→ Gingko biloba (bueno para estimular la circulación)

→ Té de hibisco (clínicamente testeado para disminuir la presión arterial[2])

→ Éster C: 1,000 mg diarios en dosis divididas

→ Tabletas de Hyland Calms Forte (remedio homeopático para reducir el estrés)

→ Cromo picolinato: 200 mcg diarios si pesa 150 libras (75 Kg), y 400 mcg diarios si pesa más de 150 libras (75 Kg).

→ Potasio según indicación médica

→ Suplemento de fibras

→ Leche de cardo para la función hepática

→ Ajo, que inhibe la aglomeración de plaquetas

→ Raíz de valeriana para el estrés

→ Cohosh negro (Cimicifuga Racemosa), que calma el sistema cardiovascular

→ Pimienta de cayena, un estabilizador de la presión arterial

Quizás desee invertir en un equipo familiar para medir la presión arterial a fin de controlar su presión sanguínea. Lo ideal sería que su presión arterial estuviera por debajo de 120/80. Se considera hipertensión si la lectura se eleva por encima de 140/90. La buena noticia es que usted puede, en la mayoría de los casos, disminuir su presión arterial al perder peso y hacer cambios en su estilo de vida.

Recomendación de la Dra. Janet:

Considere caminar, nadar, y andar despacio en bicicleta, lo que invitará a su cuerpo, mente y espíritu a trabajar juntos en vez de hacerlo separadamente.

Asuma ahora el compromiso de mantenerse fiel a un programa de ejercicios. Pero quiero que sepa que esta es una zona libre de culpa. La verdad es que un programa de ejercicios puede consumir una enorme cantidad de su tiempo y su energía. Los entusiastas del ejercicio sostienen que éste provee una forma maravillosa y confiable de liberar la tensión y el estrés. Sin embargo, muchas mujeres asumen el gasto y el esfuerzo de unirse a un gimnasio o de comprar un equipo familiar de gimnasia y fracasan en su uso. Sus intenciones son buenas, pero la vida pasa, y muchas mujeres se enfrentan a otras tareas que tienen prioridad sobre su programa de ejercicios. Esto crea lo que llamo "la culpa del ejercicio". La culpa es estresante. Aunque voy a delinear los beneficios del ejercicio en este capítulo, deseo ofrecerle este consejo. Usted NO tiene que gastar una enorme cantidad de tiempo, dinero y energía en un programa de ejercicios que puede estar estresándola ¡y frustrando su verdadero propósito!

Las mujeres que tienen vidas y cuerpos desequilibrados no necesitan otro estresante, ¡concretamente un programa de ejercicios estresante! Apenas tienen suficiente energía para ir al trabajo todos los días, atender su hogar, y en casos extremos ¡no pueden salir de sus camas! ¡Lo sé por experiencia! Si puede identificarse con algo de lo que acabo de mencionar, considere apartar tiempo en su apretada agenda para disfrutar una caminata por la tarde o nadar, o conseguir una bicicleta y andar un poco: son todas formas de ejercicio que la ejercitan física, emocional, y espiritualmente.

Ahora que le he quitado la presión, le daré razones por las cuales el ejercicio mejorará su vida. La clave es la moderación y el ser consciente de que nadie espera aquí que usted sea una triatleta. Estos son hechos claros que debe tener en cuenta mientras integra el ejercicio como una parte regular del programa para equilibrar su salud.

¿QUÉ HARÍA FALTA PARA MOTIVARLA?

¿Disfruta de poner su cuerpo en movimiento?

_____

Recuerde un momento de su vida en que se sintió cautivada por el puro gozo de bailar, correr, nadar, o saltar. ¿Cuándo fue la última vez que se sintió así?

_____

_____

¿Cuándo fue la última vez que sintió esa agradable sensación de completa relajación que proviene de pasar un día inmersa en los placeres de alguna actividad: el esquí, el excursionismo, la navegación, la danza, o el patinaje?

_____

_____

_____

¿Qué clase de actividades disfrutaba cuando era niña?

_____

_____

_____

¿Y cuándo era adolescente?_____

_____

_____

Si no hace ejercicio ahora, ¿Por qué no lo hace?

_____

_____

_____

Si no hace ejercicio ahora, ¿cuándo lo dejó? ¿Por qué?

_____

_____

_____

¿Siente que no tiene tiempo para hacer ejercicio? ¿Por qué no?

_____

_____

_____

Existen tres áreas principales de ejercicio a las que las mujeres necesitan abocarse. Veremos más de cerca cada una de ellas.

ACTIVIDAD AERÓBICA

Un ejercicio aeróbico es cualquier clase de movimiento tal como caminar o andar en bicicleta, que hace que su corazón bombee y aumente el ingreso de oxígeno. La buena noticia es que llegar a lograr un nivel mayor de capacidad aeróbica, ¡puede ser DIVERTIDO! Hay muchas actividades que constituyen un ejercicio aeróbico cuando se realizan durante treinta minutos por vez. Esto incluye las tareas domésticas y arreglar el jardín así también como la danza, saltar a la cuerda, el entrenamiento elíptico, el remo, la natación, el ejercicio acuático, las clases de danza aeróbica, subir escaleras, andar en bicicleta y el esquí de fondo.

El ejercicio aeróbico puede ayudar a prevenir dolencias y enfermedades virales, reducir el riesgo de derrame cerebral, o enfermedades de la arteria coronaria, fortalecer el músculo de corazón, mejorar el flujo sanguíneo, disminuir la presión arterial, y reducir el riesgo de diabetes tipo 2. ¿Ya está motivada?

Para recibir el beneficio completo de su programa de ejercicios aeróbicos, debe mantener su ritmo cardíaco en su *zona objetivo*. A fin de encontrar su zona objetivo, le he provisto un cuadro de registro del ritmo cardíaco para que su actividad aeróbica resulte segura y más efectiva.

TABLA DEL RITMO CARDÍACO CON EJERCICIO
LATIDOS POR MINUTO (LPM)[4]

Ritmo cardíaco en reposo	Edad							
	30 y menos	*31-40*	*41-45*	*46-50-*	*51-55*	*56-60*	*61-65*	*Más de 65*
50-51	140-190	130-190	130-180	120-170	120-170	120-160	110-150	110-150
52-53	140-190	130-190	130-180	120-170	120-170	120-160	110-150	110-150
54-56	140-190	130-190	130-180	120-170	120-170	120-160	110-150	110-150
57-58	140-190	130-190	130-180	130-170	120-170	120-160	110-150	110-150
59-61	140-190	140-190	130-180	130-170	120-170	120-160	110-150	110-150
62-63	140-190	140-190	130-180	130-170	120-170	120-160	120-150	110-150
64-66	140-190	140-190	130-180	130-170	130-170	120-160	120-150	110-150
67-68	140-190	140-190	140-180	130-170	130-170	120-160	120-150	110-150
69-71	150-190	140-190	140-180	130-170	130-170	120-160	120-150	120-150
72-73	150-190	140-190	140-180	130-170	130-170	130-160	120-150	120-150
74-76	150-190	140-190	140-180	130-170	130-170	130-160	120-150	120-150
77-78	150-190	140-190	140-180	130-170	130-170	130-160	120-150	120-150
79-81	150-190	140-190	140-180	130-170	130-170	130-160	120-150	120-150
82-83	150-190	140-190	140-180	140-170	130-170	130-160	120-150	120-150
84-86	150-190	150-190	140-180	140-170	130-170	130-160	120-150	120-150
87-88	150-190	150-190	140-180	140-170	130-170	130-160	130-150	120-150
89-91	150-190	150-190	140-180	140-170	140-170	130-160	130-150	*120-150*

Su ritmo cardíaco objetivo es entre el 60 por ciento y el 85 por ciento de su ritmo cardíaco máximo. Su máximo ritmo cardíaco es el límite superior de lo que su sistema cardiovascular puede manejar durante la actividad física. Ejercitarse dentro de su *zona objetivo* le ayudará a elevar el nivel de su capacidad y de ese modo mejorará su salud en general.

Para verificar su ritmo cardíaco durante el ejercicio aeróbico:

1. Deténgase momentáneamente.
2. Tómese el pulso durante diez segundos.
3. Multiplique este número por seis para calcular sus latidos por minuto.[5]

De todas las posibles opciones de ejercicios aeróbicos, personalmente disfruto el caminar. Disfruto una caminata diaria con una *compañera de caminata* o sola con auriculares y mi música favorita. Elijo música optimista y acelerada cuando quiero caminar rápido, o música más lenta, más contemplativa cuando quiero caminar largas distancias.

Cuando se dedique a un programa de caminatas, debe asegurarse de tener un buen par de zapatillas que calcen debidamente para no sufrir la agonía de múltiples ampollas. Además, *debe* precalentar sus músculos antes de comenzar. Puede hacerlo caminando lentamente en el lugar, o caminar muy despacio por unos cinco minutos. Cuando sienta que ha precalentado adecuadamente, asegúrese de estirar los músculos de la pantorrilla, los tendones, la parte baja de la espalda y el pecho para prevenir cualquier esguince o romperse los ligamentos. ¡Puede suceder!

Si sufre de dolores musculares, pruebe estos remedios naturales

Protocolo de la Dra. Janet para dolores musculares

AYUDA NATURAL PARA DOLORES MUSCULARES: INCLUYENDO LA ARTRITIS

→ Cápsulas de MSM, 800 mg diarios
→ Citrato de magnesio/calcio
→ Vitamina D, 1,000 UI
→ Magnesio, 400 mg dos veces por día
→ CoQ_{10}, 600 mg tres veces por día
→ Hágase regularmente masajes y utilice sales marinas o sales de baño Epsom (2 tazas en una bañera de agua)
→ Tome diariamente una bebida verde

Para reducir la inflamación

→ Quercetin, 1,000 mg
→ Bromelia , 1,500 mg
→ Crema de Glucosamine de la Dra. Janet
→ Reducir los calambres con Hyland's Mag Phos

Para una motivación adicional, ¿por qué no considera la compra de un podómetro? Se ajusta simplemente a su cintura y registra los pasos que camina detectando el movimiento del cuerpo. La cantidad total de pasos que caminó se muestra en una pantalla. ¿Por qué no llevar un registro personal del total de pasos que camina al día?

Recuerde, los resultados óptimos ocurren en su zona objetivo. Puede verificar su ritmo cardíaco manualmente localizando su pulso en la muñeca (radial) o en el cuello (carótida). Otra opción sería comprar un dispositivo electrónico que registre y muestre el número de pulsaciones.

ENTRENAMIENTO DE RESISTENCIA

El entrenamiento de resistencia es muy importante, especialmente en la mitad de la vida, porque está comprobado que ayuda a fortalecer los huesos a lo largo del tiempo. También puede mejorar la postura y el equilibrio. Puede combinar el entrenamiento de resistencia con su actividad aeróbica utilizando pesas para las manos o los tobillos cuando camina. Si tiene problemas en los huesos o en las articulaciones, puede hacer flexiones de piernas, flexiones de pared, y las flexiones tradicionales.

Recomendación de la Dra. Janet:

Rote las sesiones de ejercicios para prevenir el aburrimiento, el exceso de entrenamiento y las heridas.

Ciertos estudios han demostrado que levantar pesas dos o tres veces por semana incrementa la fuerza al fortalecer la masa muscular y la densidad de los huesos. Por ejemplo, un estudio de doce meses realizado en la Universidad Tufts demostró que el uno por ciento aumenta la densidad de la cadera y la columna, el 75 por ciento aumenta la fuerza, y el 13 por ciento incrementa el equilibrio dinámico con sólo dos días por semana de entrenamiento de resistencia progresivo. El grupo de control tenía pérdida tanto de fuerza como de equilibrio.[6] La buena noticia, especialmente para las mujeres, es que el entrenamiento de resistencia puede ayudar a prevenir problemas médicos a largo plazo tales como la osteoporosis.

El entrenamiento de resistencia utiliza métodos de resistencia como pesos libres, máquinas con pesas y cintas de resistencia para aumentar los músculos y la resistencia.

DIEZ CONSEJOS RÁPIDOS PARA AYUDARLE A COMENZAR

1. Recuerde hacer precalentamiento. El precalentamiento le da al cuerpo una oportunidad de enviar sangre rica en nutrientes a las áreas que se van a ejercitar para calentar bien los músculos y lubricar las articulaciones.

2. La elongación/estiramiento incrementa o mantiene la flexibilidad muscular.

3. Haga ejercicios livianos durante la semana inicial de su programa de ejercicios. Trabaje la técnica y el buen funcionamiento del cuerpo, y vaya lentamente hasta las pesas más grandes.

4. Consejos rápidos para mantener el buen funcionamiento del cuerpo: Pase por toda la variedad completa de movimiento, muévase lentamente y con control, respire y mantenga la columna en posición neutral. Nunca sacrifique el estado físico sólo por añadir más peso o repeticiones.

5. La intensidad de las sesiones depende de varios factores, incluyendo el número de series y repeticiones, el peso total levantado, y el descanso entre las series. Puede variar la intensidad de la sesión para adecuarla a su nivel de actividad y sus metas.

6. Escuche a su cuerpo. El ritmo cardíaco no es una buena manera de determinar la intensidad cuando se levantan pesas; es importante escuchar a su cuerpo en un sentido total o sensación de esfuerzo.

7. El monto *mínimo* de entrenamiento de resistencia recomendado por la Universidad Americana de Medicina Deportiva es de ocho a doce repeticiones de ocho a diez ejercicios,

en una intensidad moderada, dos días por semana. Logrará más beneficios totales con más días por semana, series, y resistencia, pero para la progresión debe escuchar a su cuerpo.

8. Se recomienda que las sesiones del entrenamiento de resistencia duren una hora o menos.

9. Como regla general, cada músculo que usted ejercita debería descansar uno o dos días antes continuar a fin de que el músculo cansado se restablezca.

10. "Sin dolor no hay beneficio". Esta afirmación no sólo es falsa sino que incluso puede ser peligrosa. Su cuerpo se adaptará al entrenamiento de resistencia y reducirá el dolor corporal cada vez que usted haga ejercicio.[7]

El entrenamiento de resistencia mejorará su actividad aeróbica y le ayudará a estar tonificada, esbelta, sin grasa, ¡y fuerte! Hay disponibles muchos programas y pautas de entrenamiento de resistencia; sólo necesita comprometerse e investigar. Mientras comienza su programa de entrenamiento de resistencia, le será útil aprender los nombres de los grupos de músculos mayores y saber qué ejercicios de resistencia se dirigen a cada grupo.[8]

Grupos de músculos y entrenamiento de resistencia

Grupos de músculos mayores	Ejercicios de resistencia a utilizar
Glúteos: incluye el glúteo mayor, que es el músculo grande que cubre las nalgas	Sentadillas, extensión de piernas, y tijerillas
Cuádriceps: músculos al frente del muslo	Sentadillas, extensión de piernas, y estocadas

Ligamento de la corva: músculos de la parte de atrás del muslo	Sentadillas, extensión de piernas, y estocadas, y empuje de piernas
Aductores de la cadera: músculos del muslo exterior; y aductores de la cadera: músculos del interior del muslo	Levantar las piernas acostados de lado, de pie tirar de cables, y máquinas multi-hip
Pantorrillas: músculos de la parte trasera o inferior de la pierna	De pie levantar las pantorrillas, sentados o con las rodillas flexionadas levantar las pantorrillas
Espalda inferior: músculos erectores de la columna que extienden la espalda y ayudan a una buena postura	Máquina de extensión de espalda, extensión de espalda boca abajo, sentadillas, y levantada muerta.
Abdominales: músculos que corren a lo largo del abdomen, abajo y hacia los costados y frente del abdomen	Crunches, vueltas, vueltas para atrás, crunches para atrás, (donde se levantan las caderas en vez de la cabeza y los hombros).
Pectoral mayor: músculo grande y con forma de abanico que cubre el frente de la parte superior del pecho	Flexión de brazos, flexión de pecho, y pruebas de flexiones regulares y pendientes
Romboides: músculos de la mitad de la parte superior de la espalda entre los omóplatos	Flexión de brazos colgándose de una barra, y series de inclinaciones con pesas/mancuernas
Trapecio: porción superior de la espalda	Series verticales, encogerse de hombros con resistencia
Dorsal ancho: músculos grandes de la mitad de la espalda	Flexión de brazos, flexión de pecho, serie de inclinaciones con una mano, descensos en barras paralelas, y máquinas desplegables
Deltoides: la tapa del hombro	Flexiones de brazos, bench press, y y series de inclinaciones con pesas/mancuernas
Bíceps: el frente de la parte superior del brazo	Flexiones de bíceps, flexión de brazos, series verticales

Grupos de músculos mayores	Ejercicios de resistencia a utilizar
Tríceps: parte trasera superior del brazo	Flexiones de brazos, dips, extensiones de triceps, tricep kick-backs, y flexiones por encima de la cabeza (francesas)

Cuando comience su programa de ejercicios, es probable que experimente algunos dolores musculares. No se desanime, pues está usando músculos que necesitan ser fortalecidos. Tenga cuidado de no ejercitarlos en exceso cuando comienza, y siempre preceda al ejercicio de resistencia de los ejercicios de estiramiento adecuados para prepararse.

ELONGACIÓN PARA FLEXIBILIDAD

La elongación para flexibilidad es un complemento y una preparación para su programa cardiovascular de ejercicios. La elongación ayuda a alargar todos sus músculos, a fortalecer los huesos, y mejorar el balance, y la ayuda a respirar profundamente. La elongación después de un programa de ejercicios le ayuda a tranquilizarse y relajarse. Un programa de ejercicios que se enfoca en la elongación y fortalecimiento de los músculos y articulaciones es Pilates. Se recomienda que se lo realice tres veces por semana.

Una rutina completa de elongación puede tomar apenas diez minutos. El mejor momento para hacer elongación es después del precalentamiento cuando los músculos están calientes. El mejor momento para realizar su rutina de flexibilidad es después del ejercicio. Es entonces cuando los músculos están más calientes y usted puede utilizar la relajación. Concéntrese en elongar los músculos que usó más durante su ejercicio o deporte específico.[9]

Asegúrese de utilizar las técnicas adecuadas cuando realiza la elongación. Recuerde elongar los músculos de ambos lados de su cuerpo. Nunca elongue hasta el punto de que duela o moleste. ¡Vaya despacio! Estire siempre lenta y constantemente. Mantenga la elongación por unos quince segundos, y afloje lentamente también. No haga rebotes ni sacudidas bruscas mientras hace elongación. Se pueden causar heridas cuando un músculo es empujado más allá de su capacidad. Y

Recomendación de la Dra. Janet:

Las sales de Epsom o sales marinas contienen ingredientes que, cuando se agregan al agua de la bañera y son absorbidos por el cuerpo, producen una acción antiinflamatoria.

no olvide respirar.[10]

El siguiente cuadro le dará algunas extensiones recomendadas para utilizar la elongación de flexibilidad.

ELONGACIÓN PARA FLEXIBILIDAD

→ *Ligamentos de la corva*: siéntese en el suelo con una pierna extendida frente a usted y la otra flexionada (con la planta del pie tocando la parte interior del muslo de la pierna estirada). Mantenga su espalda derecha, e inclínese hacia delante desde las caderas. Deslice sus brazos adelante hacia el pie estirado. Deténgase cuando sienta un tirón en el ligamento. Mantenga por quince segundos, y luego repítalo con la otra pierna extendida.

→ *Caderas*: Recuéstese sobre la espalda. Flexione la pierna izquierda y acérquela a usted. Agarre la rodilla izquierda suavemente con la mano derecha y empújela levemente hacia abajo y a la derecha hasta que sienta un estiramiento. Dé vuelta su cabeza hacia la izquierda. Su pierna derecha debe permanecer apoyada en el piso. Mantenga por quince segundos, y repita con la otra pierna.

→ *Parte baja de la espalda*: Acuéstese en el piso con las rodillas dobladas. Utilice sus manos para empujar las rodillas hacia el pecho. Levante la cabeza y los hombros del piso hasta que la cabeza esté aproximadamente a 6 pulgadas de sus rodillas. Cruce los tobillos. Suavemente, muévase hacia atrás y hacia adelante en esta posición durante treinta segundos.

→ *Cuádriceps*: Acuéstese sobre su costado derecho con la rodilla derecha flexionada en un ángulo de 90 grados. Flexione la pierna izquierda, y tómela del tobillo con la mano izquierda. Empuje suavemente el tobillo izquierdo hacia el costado izquierdo de la nalga. Tan pronto como sienta un estiramiento en el cuádricep izquierdo baje lentamente la rodilla izquierda hacia el piso detrás de la rodilla derecha. Mantenga durante quince segundos, y repita luego con la otra pierna.

→ *Pantorrillas:* Párese a un brazo de distancia de una pared con los pies separados a la altura de los hombros. Deslice el pie izquierdo hacia atrás aproximadamente 18 pulgadas, manteniendo la rodilla recta y ambos talones apoyados en el piso. Flexione la rodilla derecha, y mueva lentamente la pelvis hacia delante hasta que sienta un estiramiento en la pantorrilla y el tendón de Aquiles de la pierna izquierda. Mantenga durante quince segundos, y luego repita con la otra pierna.[11]

DESARROLLE SU PROPIO PROGRAMA DE EJERCICIOS

Deseo que prepare su propio programa de ejercicios. Prepare uno que usted pueda seguir. Recuerde, ¡el ejercicio mejora casi todo! Mejora la capacidad funcional de los órganos, la circulación, desentumece y flexibiliza las articulaciones y los músculos, reduce el estrés, libera endorfinas,

> *Recomendación de la Dra. Janet:*
>
> "Una rápida sesión de ejercicios de treinta minutos es mejor que nada"
>
> —Jorge Cruise, FITSMART

reduce el insomnio y quema la energía nerviosa.

Usted puede querer probar la siguiente tanda de ejercicios de diez minutos para comenzar. La mayoría de las mujeres puede encontrar diez minutos de su tiempo para concentrarse en equilibrar su cuerpo. Esta sesión le ayudará a experimentar los beneficios del ejercicio y le dará la motivación para enfocarse en cada una de las tres áreas a ejercitar que cubrimos en este capítulo.

¿No tiene tiempo para el ejercicio? Pruebe con esta sesión de diez minutos

Estocadas de una pierna
Póngase de pie con su espalda hacia la cama, y coloque su pie derecho sobre ella. Tómese de algo resistente para apoyarse. Lentamente flexione la rodilla izquierda. Asegúrese de que siempre pueda ver los dedos de su pie izquierdo. Si no puede, muévase hacia adelante de modo que su rodilla permanezca detrás de sus dedos cuando flexiona. Repita con la pierna derecha.

Flexiones de brazos
Acuéstese sobre su estómago encima de una toalla o frazada con las rodillas flexionadas, tobillos cruzados, y las manos al lado de los hombros. Mientras presiona en el piso y endereza los brazos, levante lentamente el pecho, las caderas, y los muslos. Mantenga; luego baje lentamente. Antes de tocar el piso flexione otra vez

Extensiones de la espalda
Acostada sobre su estómago, coloque las manos debajo de la barbilla. Manteniendo los pies en el piso, levante lentamente la cabeza y el pecho alrededor de tres a cinco pulgadas. Mantenga; luego descienda lentamente.

"Crunches"
Acuéstese sobre la espalda con las rodillas flexionadas, los pies apoyados en el piso, y las manos detrás de la cabeza. Presione la parte baja de la espalda hacia el piso, lentamente levante la cabeza, los hombros, y la parte superior de la espalda. Mantenga; luego descienda lentamente.

Chair-ups

Sentada en el borde de una silla, coloque las manos en el borde junto a sus nalgas. (Asegúrese de que la silla sea estable y no se deslice debajo de usted). Muévase unos pasos hacia delante para que las nalgas queden fuera de la silla y las rodillas estén flexionadas en un ángulo de 90 grados. Flexionando los codos de modo que apunten detrás de usted, descienda tanto como le sea cómodo. Mantenga; luego lentamente presione incorporándose hacia atrás

Extensiones de los tríceps

Con una toalla alrededor del cuello, coloque una cinta de resistencia sobre la parte trasera del cuello y flexione los brazos para tomar la cinta cerca del pecho. Manteniendo los codos a los costados estire los brazos. Mantenga; luego afloje lentamente.

Elevaciones laterales

Sentada en una silla, coloque el extremo de una cinta de resistencia debajo o alrededor de su pie derecho, y sostenga el otro extremo en su mano derecha con el brazo al costado. Manteniendo una leve flexión en el codo, levante lentamente su brazo derecho al costado hasta casi la altura del hombro. Mantenga; luego baje lentamente. Repita con el brazo izquierdo.

Bíceps curls

Siéntese en una silla con una cinta de resistencia debajo de ambos pies. Con los codos al costado, acerque las manos hacia los hombros, sosteniendo la cinta de resistencia. Mantenga; luego descienda lentamente.

Serie sentada

Siéntese en el piso con la espalda recta y las piernas estiradas adelante, las rodillas ligeramente flexionadas. Enlace una cinta de resistencia en los arcos de los pies. Metiendo los bordes de los hombros, tire los brazos hacia el pecho (sosteniendo con las manos la cinta de resistencia) de modo que los codos apunten detrás de usted. Mantenga; luego afloje lentamente.

Recuerde, la clave es no abocarse a un programa de ejercicios que no se adapte a su vida. Ser socio de un gimnasio lujoso, y tener un gimnasio en casa, suena bien, ¿pero le hace bien a *usted*? Comience despacio, hágalo placentero, y vaya aumentando lentamente. Una vez que dé con lo que funciona para usted, se transformará en un hábito como cepillarse los dientes.

El ejercicio tiene beneficios muy reales y comprobados para su cuerpo físico. También tiene profundos efectos positivos de gran alcance en la salud y equilibrio emocional y espiritual.

El ejercicio no sólo mejora la condición del cuerpo físico, sino que también provee mejoras similares en la depresión como un medicamento antidepresivo. Esto puede deberse a que las mujeres se sienten mejor y con más confianza cuando son más fuertes, o puede ser debido al hecho de que el ejercicio produce un cambio bioquímico positivo en el cerebro. Probablemente es la combinación de ambos. El ejercicio provee un incremento de la autoestima y la confianza, y tiene un enorme impacto en toda la calidad de vida. Esto, a su vez, eleva su espíritu.

En la página 132 hay un protocolo que le ayudará a aliviar naturalmente el dolor muscular. Pero debido a que la artritis limita a tantas mujeres para seguir un programa de ejercicios, he diseñado el siguiente protocolo para ayudar a aliviar el dolor provocado por artritis de una manera natural.

Protocolo de la Dra. Janet para el dolor de artritis

AYUDA NATURAL PARA EL DOLOR
- Glucosamina: 1,500 mg
- Boswelia: 150 mg tres veces por día
- Bromelia: 1,500 mg
- Magnesio: 800 mg diarios
- Kava para el alivio del estrés
- Corteza de sauce blanco, la aspirina natural
- Pasionaria, sedante natural
- Cohosh negro para el dolor de cuello
- Tome diariamente una bebida verde

→ Para el alivio tópico del dolor, use la Crema de Glucosamine de la Dra. Janet, aceite chino de flores blancas, o compresas de aceite de castor

AYUDA DIETÉTICA PARA EL DOLOR

→ Ingiera alimentos bajos en grasas y ricos en minerales con muchos carbohidratos complejos y proteínas vegetales tales como arroz integral, brócoli, arvejas, mariscos, tofu y miso.

→ Las cerezas, moras, y ananás son antiinflamatorios naturales.

→ Beba ocho vasos de agua cada día (la deshidratación empeora el dolor).

→ Evite los diuréticos como la cafeína, el té y el café.

→ Evite los alimentos que producen ácidos como la carne roja, el azúcar, y los alimentos salados.

→ Utilice la terapia de masaje y los baños terapéuticos.

CAPÍTULO 6
EL SUEÑO: LA PAUSA QUE REFRESCA

Un buen sueño nocturno es verdaderamente *la pausa que refresca*. El sueño adecuado es crucial para la salud física y mental de una mujer. Además, cuando una mujer es privada del sueño, se debilita su sistema inmunológico porque se ve afectada la producción de células que constituyen sus agentes defensivos naturales, aumentando así el riesgo de dolencias y enfermedades.

La privación de sueño nubla sus pensamientos, cambia su personalidad, y le hace envejecer más rápido que el tiempo mismo. El sueño es en la madurez uno de los rejuvenecedores más potentes y no le cuesta nada. Muchas mujeres pagarían casi cualquier cosa por una noche de profundo y dulce sueño. En las mujeres el sueño es escurridizo por varias razones.

PRIVADORES DEL SUEÑO
- → Cambios hormonales en la menopausia
- → Sofocos
- → Sudoración nocturna
- → Ansiedad
- → Depresión
- → Enfermedad
- → Dolor crónico

Cualquiera sea la causa de la privación del sueño, es vital para nuestro bienestar dormir profundamente. Es durante el descanso que la médula de los huesos y los nódulos linfáticos producen sustancias para fortalecer nuestro sistema inmune. Además, es durante el inicio de nuestro ciclo de sueño que se realiza gran parte del trabajo reparador del cuerpo.

¿Está durmiendo lo suficiente? Con nuestro estilo de vida y apretadas agendas, la mayoría de las mujeres hoy en día no recibe el suficiente sueño restaurador para mantener un buen equilibrio físico, mental y espiritual. Realice el siguiente test para ver si está experimentando excesiva somnolencia diurna como resultado de tener menos sueño nocturno que el adecuado.

ESCALA DE SOMNOLENCIA DE EPWORTH

En contraste con el simple sentirse cansada, ¿qué probabilidad tiene de quedarse dormida en las siguientes situaciones? (Aunque no haya hecho algunas de estas cosas recientemente, trate de entender cómo le habrían afectado.) Use la siguiente escala para escoger el número más apropiado para cada situación.

0 = Nunca se dormiría
1 = Leve posibilidad de dormirse
2 = Posibilidad moderada de dormirse
3 = Alta posibilidad de dormirse

Posibilidad de dormirse	*Situación*
_____	Sentada y leyendo
_____	Mirando TV
_____	Sentada inactiva en un lugar público (por ej. teatro)
_____	Como pasajera de un auto durante una hora sin pausa

	Acostada para descansar en la tarde
_____	Sentada y hablando con alguien
_____	Sentada tranquila después almorzar sin alcohol
_____	En un auto, mientras se detiene unos minutos en el tránsito

Un puntaje mayor que 10 es un definido motivo para preocuparse ya que indica un importante exceso de somnolencia diurna.[1]

Muchas mujeres en sus 40 me dicen que les encantaría poder dormir tan profundamente como lo hacían antes de tener hijos. La disminución de los niveles hormonales puede ser responsable así también como el hecho de que la maternidad nos condiciona para llegar a tener *sueño liviano*. Cuando los niños se transforman en adolescentes, las madres suelen mantener una *vigilia de toda la noche*, esperando que ellos lleguen sanos y salvos de sus aventuras nocturnas al hogar. A menudo, es bien pasada la medianoche, lo cual le deja sólo unas horas hasta el alba para dormir.

Una causa oculta de fatiga

Si usted sufre de fatiga, puede tener una deficiencia de yodo. La carencia de yodo puede afectar el funcionamiento de la tiroides, y una tiroides que no funciona bien puede dejarle sensación de cansancio y debilidad.

Afortunadamente, existe un excelente test que puede realizar en su casa para verificar sus niveles de yodo. Simplemente tome un hisopo sumérjalo en tintura de yodo al dos por ciento (disponible en cualquier farmacia o supermercado), y pinte un cuadrado de dos pulgadas (5 cms) en su muslo o barriga. Ésta dejará una mancha amarillenta que desaparecerá en alrededor de veinticuatro horas si sus niveles de yodo son normales.

Si la mancha desaparece en menos de veinticuatro horas, significa que su cuerpo tiene deficiencia de yodo y lo ha succionado todo. Si ése fuera el caso, continúe aplicando yodo todos los días en diferentes lugares hasta que la mancha dure las veinticuatro horas completas.

No sólo habrá diagnosticado su deficiencia de yodo, ¡sino que también la habrá tratado y mejorado el funcionamiento de la tiroides! Haga un chequeo de los niveles de la tiroides para determinar si sufre de un mal funcionamiento de la misma. ¡Es importante que usted atienda la salud de su tiroides!

SÍNTOMAS DE PRIVACIÓN DE SUEÑO

Los síntomas comunes de la privación de sueño incluyen:

→ Cansancio
→ Irritabilidad, estado de tensión nerviosa
→ Incapacidad de tolerar el estrés
→ Problemas con la concentración y la memoria
→ Problemas sociales, de conducta o de aprendizaje
→ Infecciones frecuentes
→ Visión borrosa
→ Vaga inquietud
→ Alteraciones del apetito
→ Intolerancia a la actividad

Debe observarse que muchos de estos síntomas pueden estar relacionados con condiciones de discapacidad. Esta coincidencia de síntomas puede dificultar determinar si son causados por la privación de sueño o la discapacidad.

Algunas sugerencias para ayudarle a determinar la causa de su falta de sueño incluyen hablar con su proveedor de atención médica y llevar un registro de signos y síntomas, situaciones que afectan su sueño, medicamentos, dietas, etc. Recuerde llevar el registro con usted cuando hable con su médico acerca de sus problemas para dormir.[2]

Otras causas de somnolencia incluyen el uso de medicamentos anticongestivos, remedios para el resfrío, antibióticos, supresores del apetito, anticonceptivos y medicamentos para la tiroides. El sueño es un tónico supremo. Es importante que tome medidas para dormir de manera profunda y reparadora. Es necesario que determine la causa de su insomnio y haga los cambios correspondientes. Si usted toma pastillas que le ayudan a dormir, debería saber que las píldoras para dormir afectan la absorción de calcio, crean dependencia, y paralizan la parte del cerebro que controla el sueño. Muchas veces pueden dejarnos la sensación de haber descansado menos, y afectar la claridad de pensamiento.

Hechos dramáticos relacionados con la privación del sueño están saliendo lentamente a la luz. Cada año los trastornos del sueño añaden 16 billones de dólares al costo de la asistencia sanitaria nacional (por ejemplo, contribuyendo a la hipertensión arterial y a las enfermedades cardíacas), sin contar los accidentes y la pérdida de productividad en el trabajo. La Comisión Nacional de Trastornos del Sueño ha calculado que la privación de sueño cuesta 150 billones de dólares por año en aumento de estrés y reducción de la productividad en el trabajo. Los mayores desastres industriales han sido atribuidos a la falta de sueño (entre éstas, al menos en parte, Three Mile Island, Chernobyl, el escape de gas en Bhopal, el desastre ferroviario de Zeebrugge, y el derrame de petróleo de Exxon Valdez).[3]

Existe mucha evidencia que nos ayuda a entender que la falta de sueño afecta nuestro desempeño durante las horas que estamos despiertos. La ciencia ha indicado que es necesario para la salud óptima, dormir al menos ocho horas *cada noche*. Sin embargo debido a nuestro estilo de vida de tanta actividad a menudo nos encontramos haciendo de la noche día, quedándonos levantados hasta tarde y levantándonos temprano por la mañana.

Dé una mirada al siguiente cuadro, que enumera algunas de las evidencias que hallaron los investigadores en cuanto a la reducción en el rendimiento debido a la privación de sueño.

LA FALTA DE SUEÑO DISMINUYE EL RENDIMIENTO

Digamos que una persona que necesita ocho horas de sueño por noche sólo duerme seis. Esta pérdida de dos horas de sueño puede tener un impacto mayor, incluyendo:

→ Reducción de la actitud de alerta
→ Acortamiento del lapso de atención
→ Lentificación del tiempo normal de reacción
→ Criterios insuficientes o pobres
→ Reducción de la conciencia del entorno y la situación
→ Reducción de habilidades para la toma de decisiones
→ Empobrecimiento de la memoria
→ Reducción de la concentración
→ Aumento de la probabilidad de "estancarse" mentalmente o fijar la atención en un solo pensamiento
→ Aumento de probabilidades de depresión o mal humor
→ Reducción de la eficiencia laboral
→ Pérdida de motivación
→ Errores por omisión (cometer un error al olvidarse de hacer algo)
→ Errores por acción (cometer un error al hacer algo pero eligiendo la opción equivocada)
→ Microsueño (breves periodos de sueño involuntario que abarcan desde unos segundos a unos minutos de duración).[4]

Mientras trata de restablecer el patrón de sueño saludable, existen algunas reglas que seguir. Evite los alimentos y bebidas con cafeína, tales como el café, té, gaseosas, y chocolate. También debería evitar comer tarde por la noche. Se ha dicho:

"El sueño no afecta a la digestión, pero la digestión afecta al sueño". Si come tarde, elija alimentos que favorezcan la relajación como yogurt solo, o pavo, que son ricos en triptofano que induce el sueño; avena, que tiende a facilitar el sueño; bananas; atún; galletitas de cereales integrales; o tal vez una taza de té de manzanilla, considerado como un reconstituyente

Recomendación de la Dra. Janet:

Si desea vivir una vida equilibrada, debe trabajar en restablecer los buenos hábitos para dormir.

nervioso y que ayuda a calmar la ansiedad y el estrés. Esto probablemente se deba al hecho de que es rico en magnesio, calcio, potasio, y vitaminas B. Otras ayudas naturales para dormir incluyen:

- *Pasionaria**: ayuda a relajar la mente y los músculos. Una ayuda para dormir que no amodorra, es antiespasmódico y sedante. Tome 30 gotas (tintura) o una cápsula de 500 mg media hora antes de ir a dormir.
- *Casquete*: considerado uno de los mejores tónicos para el sistema nervioso.
- *Valeriana**: ayuda a los trastornos del sueño relacionados con la ansiedad.[5] Tome valeriana de treinta a sesenta minutos antes de ir a dormir, usando 30-60 gotas de tintura o una cápsula o tableta de 300-500 mg. La valeriana tiene un olor fuerte que a mucha gente le molesta, así que no es usualmente requerida como té por la mayoría de la gente. Algunas personas pueden sentirse grogui o experimentar "efectos de resaca" por la valeriana. Si es así, la pasionaria puede ser una opción mejor para ayudarle a mejorar el sueño.

    *ADVERTENCIA: No combine valeriana o pasionaria con tranquilizantes o medicamentos antidepresivos. Si está tomando esos medicamentos, asegúrese de hablar con su médico antes de tomar una dosis de valeriana.

→ *Lúpulo:* ayuda a inducir al sueño y es un sedante seguro y confiable.

→ *Melatonina*: una hormona natural que favorece el sueño profundo.

→ *DHEA*: una hormona natural que mejora la calidad del sueño.

→ *L-theanine*: un aminoácido que se toma treinta minutos antes de ir a dormir, que favorece la profunda relajación muscular.

→ *Calcio*: posee un efecto calmante y con el magnesio alimenta los nervios.

→ *Magnesio*: relaja los músculos y con el calcio *alimenta* los nervios.

→ *Inositol*: mejora el sueño REM (sueño de movimiento rápido de los ojos) que significa el nivel de sueño profundo donde ocurren los sueños.

Las deficiencias de potasio y vitaminas B, tan comunes en la edad madura debido al estrés o síndromes de dolores crónicos, también puede ser un factor del cuadro del mal dormir. La falta de sueño le roba a su cuerpo tiempo esencial necesario para restablecer órganos vitales y recargar el sistema nervioso. Cualquiera que acaba de regresar de unas vacaciones relajantes puede testificar que se siente rejuvenecido. Los amigos y compañeros de trabajo por lo general comentan qué descansados y relajados se ven. Simplemente piense… si es tan evidente en el exterior, imagine lo que ha tenido lugar dentro del cuerpo, la mente y el espíritu. Duerma: ¡es algo realmente bueno!

Los expertos en sueño afirman que algunas mujeres se sienten de maravillas con cuatro horas de sueño por noche, mientras que otras necesitan al menos diez para sentirse descansadas. Para averiguar cuánto necesita usted, durante una semana vaya a dormir cuando esté cansada y levántese cuando se despierte, y calcule cuánto tiempo pasa en la cama. Divida el total de la semana por siete: ésa es su óptima "cantidad de sueño".

CÓCTEL PARA DORMIR DE LA DRA JANET

½ taza de jugo de uva
½ taza de agua
1-2 cápsulas de L-theanine
1-2 cápsulas de Slow Mag (cloruro de magnesio)
10 gotas de extracto de pasionaria

Combine todos los ingredientes, y bébalo treinta minutos antes de ir a dormir.

BUENOS HÁBITOS PARA DORMIR

Los siguientes consejos prácticos sobre el dormir son recomendables para todas las edades:

- Vaya a la cama y despierte a la misma hora todos los días, hasta los fines de semana.
- No hay manera de compensar el *sueño perdido*.
- Establezca diariamente un tiempo para *aquietarse*. Una hora antes de acostarse, baje las luces y elimine el ruido. Use este tiempo para las actividades de bajo nivel de estimulación tales como escuchar música tranquila, o leer material no estimulante.
- Asocie su cama con el descanso. Hable por teléfono o navegue por Internet en cualquier otro lugar.
- No ingiera bebidas con cafeína por la tarde o noche. Los efectos estimulantes de la cafeína alcanzan su punto máximo dos o cuatro horas después del consumo, pero pueden persistir en el cuerpo por varias horas.

- No cene cerca de la hora de ir a dormir, y no se permita comer en exceso. El sueño puede ser perturbado por el excesivo funcionamiento del sistema digestivo después de una comida pesada.
- Evite el ejercicio cerca de la hora de irse a dormir. La actividad física en horario avanzado puede afectar la capacidad de su cuerpo para relajarse en un pacífico sueño.[6]

CAPÍTULO 7
BELLEZA VERDADERA: LA NATURAL

La belleza realmente irradia desde adentro. Una mujer saludable y radiante desafía a la edad. Como testimonio y reflejo de nuestra autoestima, belleza interior, dinamismo, la verdadera belleza es el resultado de la vitalidad interior, el equilibrio, la salud y la felicidad. La nutrición óptima, el ejercicio que alivia el estrés, y un estado de ánimo positivo son requisitos que debe llenar en su continuo viaje hacia el equilibrio completo. Un cuerpo equilibrado y un hermoso espíritu son mejores que cualquiera de las mejores aplicaciones y cirugías cosméticas.

Con la nutrición adecuada, descanso, relajación y ejercicio puede mantener su cuerpo en equilibrio, saludable y juvenil a lo largo de toda su vida. Su piel puede estar libre de arrugas y elástica, sus ojos pueden brillar, su tez puede ser suave, y su rostro firme y terso. Muchas mujeres famosas de la historia fueron conocidas por su belleza aún en la vejez. Se dieron cuenta de cómo eleva el espíritu, no sólo para ellas mismas sino para quienes la rodean, trabajar metódicamente a fin de alcanzar una radiante salud y belleza a cualquier edad. Frecuentemente utilizaban ayudas de belleza naturales, aceites exóticos, limpieza de cutis y baños aromáticos. No comían en exceso, no fumaban y evitaban el alcohol y la excesiva exposición al sol. Sabían que era importante tratar la constipación inmediatamente con hierbas o fibras para eliminar venenos y toxinas de sus cuerpos tan pronto como fuese posible.

En este capítulo le ofreceré los últimos descubrimientos del mundo de la nutrición que han probado tener propiedades antienvejecimiento. También daré una idea general sobre los últimos y variados tratamientos de belleza de los que las mujeres de hoy en día participan regularmente. Cuando de envejecer se trata, hay dos posibilidades: o lo *aceptas*, o tratas de *borrarlo* con procedimientos cosméticos y rellenos inyectables.

COMENCEMOS CON LOS PECADOS DE LA PIEL

Fumar

Fumar es la cosa más dañina que puede hacerle a la piel, en segundo lugar después de la exposición al sol. La nicotina que se halla en los cigarrillos constriñe los vasos sanguíneos de su rostro, haciendo que su piel luzca gris o cetrina. Luego agrega acetilaldehido, el cual ataca las fibras de la piel que la mantienen unida. Finalmente, ocurre una reacción química, creando una proteína que causa la destrucción del colágeno y la elastina. Tenga en cuenta los pliegues y arrugas de los ojos debidos a la irritación por el humo y el fruncimiento de los labios, ¡y tiene todos los ingredientes para lucir diez años mayor que las mujeres que no fuman!

La buena noticia es que al dejar de fumar antes de los treinta años de edad su cuerpo regresa al nivel de un no-fumador en diez años—¡y eso también incluye la piel! El fumar consume el oxígeno de los tejidos, que alimenta al cerebro y ayuda a prevenir las enfermedades. Cada cigarrillo le quita ocho minutos de su vida; un paquete por día le quita un mes de su vida cada año, y dos paquetes le quitan de diez a doce años de su vida. Además, los cigarrillos tienen más de cuatro mil venenos conocidos.[1] Le interesará saber que basta una gota de ácido nicotínico para matar a un hombre.[2]

Sol

Nada la envejece más rápido ni daña el colágeno y la elastina más rápidamente que la exposición al sol (¡en tres minutos a pleno sol!) La buena noticia aquí es que puede prevenir el daño del sol usando filtro solar cuando sale de su casa. Debería usar al menos FPS-15.Use FPS-30 si es golfista o si pasa tiempo en la playa. Los filtros solares no sólo la protegen de futuros daños, sino que verdaderamente también puede ayudar a revertir el daño pasado porque, con la protección, su piel tiene la oportunidad de repararse a sí misma. Permanezca cubierta o completamente apartada del sol si es posible entre las 11:00 A.M. y 3:00 P.M.

Alcohol

El alcohol dilata los vasos sanguíneos, conduciendo a la rotura de las venas. Como el cigarrillo, el alcohol también contiene acetaldehido, que ataca las fibras de al piel y reduce su firmeza y elasticidad. Además, el alcohol le roba al cuerpo la vitamina C, un nutriente clave para la piel saludable.

Falta de sueño

Considero que el sueño es la mejor *vitamina para la belleza* del mundo. A la noche es cuando su cuerpo se repara a sí mismo. Esto incluye su piel. El colágeno y la elastina son reemplazados y se forman nuevas células, borrando así la exposición al sol y las toxinas del ambiente del día anterior. La piel es más absorbente y receptiva por la noche, así que es un tiempo perfecto para humectar y agregar tratamientos vitamínicos tópicos. La falta de sueño cortará estos beneficios, dejándole ojeras oscuras, hinchazón, color amarillento, y hasta granos.

Estrés

El estrés incrementa los niveles de hormonas adrenales, como la testosterona, que puede provocar acné. Las hormonas del estrés también pueden ocasionar que su corriente sanguínea se dirija directamente hacia sus extremidades y los órganos principales, y deje a la piel pidiendo a gritos los nutrientes que necesita. Cuando usted está estresada, le es más difícil reparar el cutis con cuidados de la piel. La piel estresada sencillamente no responde o no absorbe los tratamientos tan bien como la piel relajada. Practique la respiración profunda y diafragmática, el ejercicio, y/o tome baños de tina con aceite esencial de lavanda para ayudar a que su cuerpo, mente y espíritu se liberen del estrés.

Falta de ejercicio

El ejercicio aumenta el oxígeno en la sangre y a la vez mejora el tono de la piel. El ejercicio, como mencioné anteriormente, incrementa su tolerancia al estrés y la ayuda a dormir, lo cual mejora también la salud de su piel. Para la salud óptima de su piel, trate de hacer cada semana tres series de ejercicio de veinte minutos. Pruebe andar en bicicleta, caminar a paso veloz, nadar, y correr, si sus articulaciones son saludables.

Cafeína

Cada taza de café que usted toma necesita tres tazas de agua para procesarse a través del sistema. Es muy deshidratante para la piel. Además, la cafeína incrementa el nivel de hormonas del estrés, las cuales, como vimos, pueden conducir a la mala salud de la piel.

EL CUIDADO DE LA PIEL

En el mundo de hoy, el cuidado de la piel y la industria de la cirugía estética están en auge y se han convertido en una de las más grandes y redituables industrias de los Estados Unidos. Como todas las mujeres anteriores a nosotras, estamos en la constante búsqueda del último y más grande antioxidante, exfoliante o hidratante botánico o con liposomas del mundo que nos haga lucir más hermosas con una piel que sea visiblemente más joven y tersa.

El hecho es que hasta en nuestra avanzada generación, la piel hermosa es mucho más que lo superficial. Sí, hay peelings del almuerzo, microdermaabrasión, rejuvenecimiento con láser (láser resurfacing), y otras técnicas para suavizar y borrar las líneas finas, pero es un hecho innegable que la piel hermosa sigue siendo el resultado de un cuerpo saludable y libre de toxinas.

Son muchos los factores que entran en juego en relación con una piel fabulosa. ¿Por qué es que algunas mujeres pueden ir a la farmacia de la esquina y usar cualquier crema humectante de bajo costo que esté en oferta esa semana y tienen una piel maravillosa llena de luminosidad, textura aterciopelada y tono perfecto, mientras que otras viajan a las más grandes tiendas sólo para comprar productos para el cuidado de la piel de la más alta calidad con una etiqueta con un precio que hace juego, y siguen estando insatisfechas con su tez?

La respuesta es sencilla, aunque compleja en términos de todos los sistemas del cuerpo que desempeñan un rol en la belleza de la piel. La piel es el órgano más grande del cuerpo, y recibe mucho beneficio de un sistema circulatorio rico en enzimas. La piel que está bien enriquecida por el oxígeno y nutrientes de alta calidad siempre lucirá tersa, firme y aterciopelada.

Las enzimas son los catalizadores digestivos que hacen posible que los nutrientes lleguen a la sangre para viajar hacia cada célula del cuerpo. Para alimentar, desintoxicar, detener el proceso de envejecimiento, oxigenar y estimular el sistema circulatorio, en la madurez debe dar prioridad a los suplementos de enzimas. La piel necesita una nutrición constante y continua desde adentro que sólo las enzimas pueden proporcionarle. Una vez que han implementado un programa de enzimas, muchas mujeres notan que condiciones de la piel que venían de largo tiempo atrás se comienzan a resolver, después de sólo catorce días de terapia.

La meta es que esté segura de que las enzimas digestivas que usted use con cada comida provengan de una fuente vegetal. La fórmula debería contener lo siguiente: amilasa, lipasa, proteasa, celulasa, lactasa, maltasa, y sucrasa. Y debe tomarse con las comidas o entre comidas. Hay varias enzimas que embellecen la piel, incluyendo:

- *Proteasa*: descompone los alimentos con proteínas que alimentan las células de la dermis; también mejora la distribución de todos los nutrientes hacia la piel.
- *Amilasa*: reduce la inflamación de la piel.
- *Lipasa*: mantiene rellenitas las células de la piel para reducir las arrugas.
- *Celulasa*: descompone la fibra y permite el acceso de los nutrientes a la piel.

Cuando somos jóvenes, nuestra piel es suave, flexible y radiante. La piel hermosa se da naturalmente en la juventud. Pero cuando vamos envejeciendo, la piel hermosa es una recompensa por cuidar adecuadamente nuestro cuerpo. La piel es un barómetro que refleja lo que está sucediendo internamente con nosotros. El cuidado de la piel es un gran negocio en estos días cuando los nacidos después de la segunda guerra mundial se ocupan ansiosamente de evitar los signos del envejecimiento. El estrés, la excesiva exposición al sol, el mal funcionamiento del hígado, la disminución de hormonas, el fumar, el alcohol, el azúcar, las frituras, la cafeína y la mala circulación, todo contribuye al estado de la piel. Las manchas de la edad, arrugas, sequedad de la piel, tono desigual de la piel, tez cetrina y acné son el resultado de cuán bien nuestros sistemas controlan los desechos. El daño por radicales libres es lo que más contribuye a una piel pobre.

Para tener una piel saludable y radiante, comience a hacer cosas sencillas que serán de gran beneficio para ella.

TERAPIA ALIMENTICIA PARA EL CUIDADO DE LA PIEL

↦ Beba abundante agua, ocho a diez vasos cada día.
↦ Agréguele limón fresco para un beneficio adicional.
↦ Haga un "cóctel para el hígado" fresco cada día (use un extractor de jugos). El jugo

consiste en 2 onzas (60 cm³) de jugo de remolacha, 3 onzas (90 cm³) de jugo de zanahoria, y 3 onzas (90 cm³) de jugo de pepino.

→ Evite los azúcares, la cafeína, y la carne roja para prevenir la deshidratación.

→ Coma frutas frescas y verduras cada día; las frutas son unos maravillosos limpiadores.

TERAPIA PARA EL CUERPO

→ Reduzca o prevenga las arrugas frotando cáscaras de papaya en el rostro. (La papaína es una enzima que exfolia la piel.)

→ Controle el estrés.

→ Practique la respiración profunda.

→ Hágase masajes con aceite de almendras, aceite de sésamo, o aceite de germen de trigo para suavizar la piel.

→ Huméctese inmediatamente después de bañarse.

→ Frote jugo de limón en las manchas de la edad; o aplíquese crema de hidroquinona al 2% para reducir y quitar las manchas de la edad.

→ Limite la exposición al sol: use siempre un protector solar FPS-15 o superior para prevenir daños y evitar que se oscurezcan las manchas de la edad.

LOS TRES GRANDES DE LA BELLEZA

→ Desintoxicarse y comer saludablemente

→ Humectarse y beber mucho agua

→ Protegerse usando pantalla solar; limite la exposición al sol.

BENEFICIOS DE LA NATURALEZA PARA LA BELLEZA

El jugo de sandía es rico en sílice natural, el cual mantiene el colágeno y reduce la piel arrugada y seca. El estado de su piel puede ser lo primero que le advierta la necesidad de comenzar un programa de desintoxicación. Si en su colon se estancan toxinas y el hígado no filtra los desechos e impurezas que provienen del tracto digestivo, su piel le dará una señal segura: erupciones, acné, forúnculos, borroneo, tono desigual de la piel, dermatitis, y picazón. Después de la desintoxicación, su piel estará radiante y los problemas disminuirán o desaparecerán.

A continuación enumeré algunas recomendaciones dietéticas adicionales de regalos de la naturaleza que ayudarán a intensificar la piel radiante:

BENEFICIOS DIETÉTICOS PARA UNA PIEL HERMOSA

→ *Brócoli*: es una buena fuente de fibra, vitamina K, luteína, vitamina C, calcio, y folate. Incrementa la renovación de las células de la piel y protege del daño ambiental.

→ *Nueces*: son una fuente de ácidos grasos omega-3, vitamina E, proteína, fibra, magnesio, polifenol y vitamina B_6. Protegen la piel del daño UV (rayos ultravioletas).

→ *Espinaca*: es una fuente de ácidos grasos omega-3, betacaroteno, vitaminas B, polifenol, y ácido alfa lipoico. Ayuda a reducir las arrugas y los niveles químicos asociados con el proceso de envejecimiento. Aumenta la renovación de las células y protege del daño ambiental.

→ *Naranjas*: son una fuente de vitamina C, fibra, folate, potasio, polifenol y pectina. Reducen los efectos del ambiente sobre la piel.

→ *Salmón*: es una fuente de ácidos grasos omega-3, vitaminas B, selenio, potasio, proteína, y vitamina D. Ayuda a reducir las arrugas y los niveles químicos asociados con el proceso de envejecimiento. Puede reducir la intensidad de los estallidos de acné. Aumenta la fuerza del cabello y promueve su crecimiento.

→ *Té verde*: es una fuente de flavonoides y flúor. Ayuda a reducir la inflamación celular asociada con el envejecimiento.

→ *Arándanos*: son una fuente de carotenoides, vitaminas C y E, hierro, niacina, polifenol y fitonutrientes. Incrementa la salud de la raíz del cabello al mejorar la circulación y reducir los efectos del ambiente sobre la piel.

→ *Calabaza:* es una fuente de vitaminas C y E, betacaroteno, fibra, potasio y magnesio. Protege la piel de los daños ambientales e incrementa la renovación celular.

→ *Mariscos*: son una gran fuente de yodo, el cual sustenta la salud de la glándula tiroides. Incluyen langosta, camarón, ostión, mejillón y almeja.

Nutrientes que embellecen la piel

→ *Vitamina C*: alimenta al colágeno, que es una de las sustancias más importantes de la estructura de la piel. Las fuentes incluyen kiwi, naranjas, ají morrón, arándano, y melón.

→ *Vitamina A o betacaroteno*: un poderoso antioxidante que ayuda a la piel a producir queratina y proteínas que facilitan la regeneración celular. Las fuentes incluyen zanahorias, duraznos, calabaza y batatas.

→ *Vitamina E:* antioxidante que favorece la cicatrización y combate los signos de envejecimiento.

→ *Zinc:* Vital para la salud de la piel. Reduce el acné. Las fuentes incluyen nueces, semillas de girasol, y quesos duros que se desmenuzan fácilmente.

→ *Hierro:* Los bajos niveles de hierro pueden ocasionar palidez y ojeras oscuras. También puede indicar anemia. Verifíquelo con su médico. Si su nivel de hierro es bajo incluya en su alimentación vegetales de hojas oscuras, carne roja magra, y una bebida verde cada día.[3]

→ *Gingko biloba*: Para aumentar la circulación

→ *ACES*: para el daño de los radicales libres—vitaminas A, C, E y selenio.

→ *COQ$_{10}$*: 100 mg diariamente

→ *Aceite de prímula nocturna*

→ *DMAE (dimetilaminoetanol)*: un aminoácido que previene la flacidez de la piel y aumenta su firmeza.

→ *Idebenone*: éste es un poderoso antioxidante que protege la piel del daño de los radicales libres, reduciendo así las líneas finas y arrugas, y nivelando su cutis.

→ *Quinetina*: un compuesto que se encuentra naturalmente, que elude los radicales libres. Reduce las arrugas y retiene la humectación de la piel. La quinetina no irrita y tiene propiedades antiinflamatorias.

→ *Ácido alfa lipoico:* la aplicación externa de este poderoso antioxidante ayuda a proteger el material genético, tal como el ADN, en el cuerpo, lo cual puede reducir el efecto de envejecimiento.

→ *Ácidos alfa hidroxidos (ácido de frutas):* para exfoliar la piel.

→ *Fórmula de la Dra. Janet para el equilibrio de la progesterona en la mujer:* disponible en www.DrJanetPhD.com

→ *Agua:* mantiene sus células rellenas y favorece un brillo saludable. Beba ocho vasos por día. Póngase como meta un vaso por hora, y agregue limón fresco para un beneficio adicional.

→ Fórmula de hierbas para la limpieza corporal total

Evite las infecciones de los ojos

Hay algunas precauciones que usted debe tomar para evitar un orzuelo, que es una infección purulenta y dolorosa del párpado. Los orzuelos son causados por alergias o por infecciones virales o bacteriales. *¡No duerma con los ojos maquillados!* Eso puede contribuir a las infecciones bacteriales del ojo. Asegúrese de desechar el rimel, delineador y sombra para párpados que tengan más de seis meses. Nunca apriete un orzuelo. Puede hacer que la infección se extienda.

BAÑOS

Existen baños terapéuticos calmantes que ayudarán a su cuerpo físico a sentirse y a lucir mejor externamente y a purificarse internamente de las toxinas e impurezas. Pueden ser muy relajantes y tranquilizantes, y podría llegar a ser parte de su habitual régimen *de belleza.*

Voy a sugerir dos tipos de baños en esta sección. El primero se refiere a los baños que utilizan aromaterapia, los cuales le ayudarán en su equilibrio emocional, proporcionándole nueva energía, una actitud controlada, y una nueva perspectiva de la vida.

Baños de aromaterapia

Algunas esencias de aromaterapia son más fuertes que otras y se usan para diferentes efectos, de modo que cuente unas pocas gotas de algunas fragancias comunes y revitalícese. Si recién está comenzando la aromaterapia, le recomiendo que elija uno o dos de los siguientes aceites esenciales para colocar en su baño.

1. *Baño de descanso:* para la máxima relajación, sugiero que añada a una bañera de agua uno de estos aceites esenciales: manzanilla (dos gotas), ciprés (cinco gotas), flores de azahar (dos gotas), o lavanda (seis gotas).

2. *Baño no-más-depresión*: Pruebe el limón (cuatro gotas), menta (cuatro gotas), albahaca (tres gotas), o bergamota (tres gotas).

3. *Baño de especias*: siéntase fresca con geranio (tres gotas), lavanda (seis gotas), enebro (cinco gotas) o cardamomo (cuatro gotas).

4. *Baño para despertarse:* para un baño estimulante, use albahaca (tres gotas), menta (cuatro gotas), enebro (cinco gotas), hisopo (tres gotas), o romero (cinco gotas)

5. *Baño para la tensión:* allane el camino hacia el fin de semana con bergamota (tres gotas), enebro (cinco gotas), hisopo (tres gotas), o romero (cinco gotas).[4]

Baños depurativos

Cuando usted sigue las pautas de salud de este libro para quitar el desequilibrio de su cuerpo y aprender a vivir en equilibrio—física, emocional y espiritualmente—, durante la desintoxicación puede experimentar síntomas similares a la gripe, porque su cuerpo se está librando de toxinas. Puede conseguir aliviar estos síntomas tomando baños con sales de Epsom (1 o 2 tazas) y bicarbonato de sodio (1 taza) en una bañera de agua. Sumérjase por veinte minutos (más de veinte minutos puede resultar demasiado agotador). Los días libres puede colocar una taza de vinagre de manzana en la bañera y sumergirse.

Recomendación de la Dra. Janet:

Los dolores de espalda y hombros son parte común en la vida diaria de una mujer—¡sánese de estas dolencias en el baño!

Cepillar la piel también puede ser muy beneficioso, porque la piel es la vía primaria de desintoxicación juntamente con los pulmones, los riñones, el hígado y el colon. Use un cepillo para vegetales. Puede comprar uno en una tienda de alimentos naturales. Usted debe cepillar todas las partes de su cuerpo hacia el corazón. Luego continúe con un masaje de aceite de sésamo. El masaje con aceite de sésamo brinda alivio. Este aceite puede comprarse también en una tienda de alimentos naturales. Masajee todo el cuerpo durante cinco minutos antes de bañarse o ducharse.

O elija uno de estos baños depurativos que la ayudarán a encontrar equilibrio para su vida:

1. *Baño de Clorox:* Esto sirve para remover metales pesados del cuerpo y agregar oxígeno. Use ½ taza de cloro marca Clorox (*solamente esta marca*) en una bañera con agua tibia. Sumérjase por veinticinco minutos. Puede ducharse con jabón y agua fresca después, pero no es necesario. Si siente un poco de picazón en su piel, esto le aliviará.

2. *Sales de Epsom y jengibre:* Este baño abre los poros, elimina las toxinas, y también ayuda a eliminar el dolor. Añada una taza de sales de Epsom y 2 cucharadas de jengibre en 1 taza de agua primero, luego agréguela a la bañera. No permanezca en la bañera más de treinta minutos.

3. *Sal y sodio:* Este baño también contrarresta los efectos de la radiación, sea de rayos X, tratamiento de radiación para el cáncer, precipitación radiactiva de la atmósfera, o radiación de la televisión. Agregue 1 taza de bicarbonato de sodio y 1-2 tazas de sal gruesa común, sales de Epsom, o sal marina en una bañera de agua. Puede sumergirse por veinte minutos.

4. *Sales de Epsom, sales marinas, y aceite:* Este baño ayuda a la piel seca y al estrés. Agregue 1 taza de sales de Epsom, 1 taza de sal marina (de la tienda de alimentos naturales), y 1 taza de aceite de sésamo a una bañera con agua tibia o caliente, y sumérjase por veinte minutos. Séquese con palmaditas.

5. *Baño de vinagre:* Se utiliza cuando el cuerpo está demasiado ácido, y es una manera rápida de restaurar el equilibrio ácido-alcalino. Agregue de 1 taza a dos cuartos de vinagre de manzana al 100% a una bañera con agua tibia. Sumérjase de cuarenta a cuarenta y cinco minutos. Es excelente para el exceso de ácido úrico en el cuerpo (especialmente en las articulaciones), artritis, bursitis, tendinitis, y gota.

5. *Baño de bentonita*: Este es un rápido método desintoxicante. Sumerja 2-4 libras (aprox. 1 a 2 Kg) de polvo de bentonita en un recipiente playo para que se disuelva la noche anterior. Luego agregue esto al agua de la bañera. Con 2 libras (aprox. 1 Kg) de bentonita puede sumergirse una hora; con 4 libras, solamente unos treinta minutos. Mientras más bentonita utilice, más rápida es la desintoxicación.[5]

&* *Protocolo de la Dra. Janet para un día de Spa natural*

TENGA UN DÍA DE SPA ¡A LO NATURAL!
Tratamiento humectante para el cuerpo:
- → 1 aguacate en puré
- → 1 taza de avena
- → ½ taza de almendras finamente molidas

Frote la mezcla en el cuerpo, déjela cinco minutos, quítesela con una ducha, y luego tome un hermoso baño.

Baño de belleza, un baño rico y humectante:
- → 1 taza de avena
- → 3 tazas de leche en polvo
- → 1 bolsita de gasa

Coloque la avena y la leche en polvo en la bolsita de gasa. Átela debajo de la canilla de la bañera y haga correr el agua a través de ella.

Súper fregado para una piel dañada por el sol:
Este súper fregado corporal contiene ácidos de
frutas que ayudan a
disolver las células
muertas de la piel
que pueden ser qui-
tadas.

Recomendación de la Dra. Janet:

Dos tazas de leche o crema agregadas a su baño
hidratarán su piel.

→ 1 guayaba
→ 1 kiwi
→ 1 puñado de sales del Mar Muerto
→ 2 cucharadas de miel
Aplique al cuerpo con movimientos circulares;
luego enjuague.[6]

BELLEZA A TRAVÉS DE LAS DÉCADAS

Existen algunas terapias rápidas y mínimamente invasivas para la piel que pueden recomendarse para las mujeres que desean alcanzar un mejor equilibrio y una belleza duradera década tras década.

¿Usted está en los veinte? Pruebe *Ellen Lange Retexturizing Peel Kit* (Equipo para peeling retexturizante de Ellen Lange). Contiene hidroxiácidos alfa y beta. Sus propiedades exfoliantes mantienen su piel suave y sin líneas. Está disponible en Sephora.com a un costo de aproximadamente 72 dólares.

¿Ha alcanzado los treinta? Las sesiones regulares de microdermoabrasión le ayudarán a mantener en un mínimo las líneas superficiales. El alfa hidroxiácido (AHA) o el beta hidroxiácido (BHA) suavizan las líneas finas y dan brillo a la piel apagada. Esto lleva de 10 a 15 minutos en el consultorio de un dermatólogo o cirujano plástico. Estas sesiones se conocen con el nombre de "peeling de la hora del almuerzo" y cuestan aproximadamente 100-150 dólares. Otros tratamientos de microdermoabrasión pueden costar 150 dólares por sesión.

Para quienes ya han entrado en los cuarenta, podrían considerar moverse hacia el peel TCA, que apunta a las arrugas más pronunciadas. Algunos dermatólogos recomiendan que tenga una serie de peelings espaciados cada mes o cada dos meses, con un costo aproximado de 300 dólares cada uno.[7]

EN BUSCA DE LA VERDADERA BELLEZA

La verdadera belleza proviene de la *mujer interior:* su esencia, su espíritu. Una mujer realmente hermosa se compone de muchos atributos que obran en sintonía para producir una vitalidad que no puede ser duplicada por el más hábil cirujano plástico, o el más costoso de los sueros de belleza actuales.

Mientras nuestra sociedad coloca un gran énfasis en la belleza física, y se gastan billones de dólares en la búsqueda de las últimas modas de belleza, rellenos, inyecciones y tendencias, es la *mujer interior* la que debe irradiar para que una mujer sea considerada verdaderamente hermosa.

La gente gravita naturalmente hacia la belleza. Piense en la

> ### *Recomendación de la Dra. Janet:*
> Las hormonas reproductivas de una mujer son estimuladas por la luz del sol. Debería estar al menos treinta minutos en el sol cada día. Para un mayor beneficio, hágalo antes de las 10:00 A.M. y después de las 2:00 P.M. cuando los rayos ultravioletas son menos intensos.

naturaleza: cómo todos alcanzamos y somos movidos a tomar una flor hermosa, o al menos nos detenemos a olerla y admiramos la belleza de una rosa fragante. Somos movidos así porque instintivamente sabemos que las flores son hermosas por dentro y por fuera. Las tomamos no sólo por su belleza visual, sino también por su dulce fragancia.

La belleza se halla en el ojo del que observa—cuando se trata de nuestra apariencia física—pero la belleza interior habla a todos. La Biblia incluso nos dice que vayamos más allá de "lo externo" y que la belleza es "la que procede de lo íntimo del corazón" (1 P 3:4, NVI).

La mujer más hermosa que he conocido tenía una fragancia que atraía a hombres y mujeres por igual con un poder comparable al de Venus, la diosa griega del amor. Su apariencia externa nunca sugeriría que tuviera tal magnetismo. Pero, oh,

qué fragancia capturaba los corazones de quienes la rodea-
ban. Era leal, confiable, fuerte, generosa, digna de confianza,
sencilla, cariñosa, buena amiga, divertida, humilde, y dulce.
Ella daba de sí, sin buscar nunca la aprobación. Tenía fe; tenía
valor; *tenía belleza.*

Las pautas de belleza que le he dado en este capítulo se enfo-
can principalmente en la apariencia externa. Debe recordar que
para experimentar la belleza a lo largo de toda la vida, debe
cultivarla desde adentro. Permita que fluya a través suyo cada
día. Viva una vida hermosa: deje que la belleza irradie de su
cuerpo, mente y espíritu. La belleza física solamente tiene la
profundidad de la piel y desaparece con el paso del tiempo. La
verdadera belleza proviene del corazón. Propóngase llegar a
ser *una rosa en este jardín de la vida.*

CAPÍTULO 8
UN PROTOCOLO DE ANTIENVEJECIMIENTO

Si usted es una mujer joven o de mediana edad, puede prevenir muchos problemas futuros cambiando hábitos ahora. Si es una mujer mayor y está experimentando problemas de salud, nunca es demasiado tarde para brindar equilibrio y armonía a su cuerpo. El envejecimiento no es una enfermedad, es un proceso natural. Muchas de las enfermedades que normalmente están asociadas con el envejecimiento tales como cáncer, diabetes, problemas digestivos, depresión, disfunciones sexuales y fatiga no son parte inevitable del envejecer.

El fallecido comediante George Burns, que vivió hasta los cien años, lo resumió maravillosamente: "Si hubiera sabido que iba a vivir tanto, me habría cuidado mejor".

Creo que vivir hasta la vejez debería ser una bendición y no una maldición. Todos estos desórdenes *relativos a la edad* son causados principalmente por factores del estilo de vida, tales como mala alimentación, falta de ejercicio y exposición a las toxinas, juntamente con propensiones genéticas.

El envejecimiento se acelera con la falta de ejercicio. Si no se dedica a hacer ejercicio regularmente, aumentará su riesgo para casi todas las enfermedades degenerativas, incluyendo diabetes, osteoporosis y enfermedades cardíacas. Además, el ejercicio ayuda a mantener los niveles de azúcar de la sangre en el rango normal.

Los efectos del estrés también juegan un rol importante en el proceso de envejecimiento. Las mujeres que soportan periodos de estrés intenso tienen más probabilidades de desarrollar enfermedades crónicas. Una de las cosas que más estresa a las mujeres es la soledad. Un estudio encontró que la gente sola tiene registros de presión arterial ¡que son más de 30 puntos más elevados que la gente que no está sola![1] Cerca del 60 por ciento de las personas de la tercera edad, de cincuenta a sesenta y ocho años, experimentaban alguna forma de soledad.[2] Se ha relacionado el abandonar o reducir las obligaciones sociales, las actividades intelectuales, los deportes, y el ejercicio, con una perspectiva de vida más corta y un aumento de la enfermedad.

¿Cómo puede saber si los signos de envejecimiento que está experimentando ocurren más rápidamente que lo necesario? Haga la siguiente prueba para determinar si está envejeciendo más rápido que lo debido.

AUTOEXAMEN DE ANTIENVEJECIMIENTO

- ❏ ¿Ha observado manchas marrones en la parte de atrás de la cabeza o alrededor de los ojos o la nariz?
- ❏ ¿Es más difícil para usted bajar de peso?
- ❏ ¿Tiene indigestión frecuente, acidez o gases después de comer?
- ❏ ¿Tiene insomnio?
- ❏ ¿Tiene palpitaciones cardíacas o dolor de pecho?
- ❏ ¿Tiene mala vista?
- ❏ ¿Ha experimentado pérdida de audición o zumbidos en los oídos?
- ❏ ¿A menudo está constipada?
- ❏ ¿Su cabello se está volviendo gris?
- ❏ ¿Ha perdido altura?

- [ ] ¿Su piel se está volviendo más seca o más fina? ¿Está notando más lunares, moretones, cherry angiomas (ampollas rojas de sangre)?
- [ ] ¿Es más lento su tiempo de recuperación de un resfrío o gripe?
- [ ] ¿Tiene mala circulación?

ACTITUD Y ENVEJECIMIENTO

Todos estamos envejeciendo—y mucho más rápido que lo que cualquiera de nosotros desearía. Sin embargo, los investigadores han descubierto que la actitud tiene un papel fundamental en cuán rápido envejecemos. Un estudio realizado en diciembre de 2005 sugirió que las percepciones de las personas de la tercera edad acerca del proceso de envejecimiento no dependen de la enfermedad, o de una discapacidad física, sino más bien de la actitud y el estilo adquirido. "La comunidad médica no ha llegado a un consenso

> Usted es tan vieja como se sienta—¡tome medidas para sentirse estupenda!

sobre lo que significa el envejecimiento exitoso", comentó el director de la investigación, el Dr. Dilip Jeste. "El criterio más comúnmente usado sugiere que una persona está envejeciendo bien si tienen un bajo nivel de enfermedad o discapacidad. Sin embargo, este estudio revela que la autopercepción acerca del envejecer puede ser más importante que los indicadores de éxito tradicionales".[3]

Es tan importante que desarrolle el equilibrio emocional acerca de la posibilidad de envejecer, como lo es que conozca el último protocolo físico para disminuir el proceso de envejecimiento. En este capítulo veremos detenidamente algunas de estas herramientas para lograr el equilibrio físico respecto al envejecimiento. Pero es muy importante que usted aprenda a incorporar herramientas emocionales para tratar el proceso de envejecimiento.

Elija ser feliz en la vida—a pesar de las circunstancias o los síntomas que le parezcan negativos. Más y más estudios muestran que envejecemos mejor cuando somos felices y libres de imágenes negativas del envejecimiento. Un estudio reciente encontró una relación entre las emociones positivas y el comienzo de la endeblez. Los investigadores especulaban que las emociones positivas pueden afectar directamente la salud a través de respuestas químicas y neurales involucradas en el mantenimiento del equilibrio homeostático.[4]

¡La edad no es más que un número!

Podría ser que el poeta Robert Browning estuviera tratando de animarnos cuando escribió:

¡Envejece conmigo!

Lo mejor todavía está por llegar.

CHEQUEOS DE SALUD PARA TODA MUJER MAYOR DE CUARENTA

Cuando se trata del cuidado de su salud, puede tener la impresión de que los cuarenta marcan el comienzo de la desaparición de la edad madura. El hecho es que la prevención y la detección temprana de la enfermedad debería ser el pilar de su plan para una buena edad madura. Piénselo como una evolución del examen médico que comenzó con la primera vacuna que recibió como recién nacida. Debería considerar realizarse los siguientes chequeos médicos. Piense en esto como su "Plan de seguro de salud para una mujer equilibrada".

PLAN DE SEGURO DE SALUD PARA UNA MUJER EQUILIBRADA

Examen clínico de la piel
Su médico hará un chequeo de pies a cabeza, buscando lunares irregulares y otros signos de cáncer de piel. Las mujeres de cuarenta años y más deberían hacerse este examen una vez al año.

Chequeo de cáncer colorectal

Comenzando desde los cincuenta años, todos los adultos deberían hacerse anualmente un examen de sangre oculta en la materia fecal y una sigmoidoscopia cada tres a diez años para investigar si hay pólipos o lesiones de cáncer. Si usted tiene alto riesgo de cáncer colorectal, su médico podría sugerir en cambio una colonscopía.

Test de tiroxina total (T4)

Este análisis de sangre evalúa la función de la tiroides. Hable con su médico acerca de hacerse este test alrededor de la menopausia.

Test de densidad de huesos

Necesitará un test a fondo en la menopausia para detectar osteoporosis o evaluar su riesgo de esa enfermedad.

Examen clínico de mama

Su médico debería examinarle las mamas cada año para buscar bultos, nódulos linfáticos hinchados y otras irregularidades.

Mamografía

Se recomienda una mamografía como punto de partida a los cuarenta, seguida de mamografías cada dos años, y anualmente después de los cincuenta años de edad.

Papanicolau

Debería hacerse este examen al menos una vez cada tres años y anualmente si tiene alto riesgo de cáncer de cuello de útero. Sí, usted necesita un papanicolau aunque haya tenido una histerectomía o sea postmenopáusica.

Chequeo de glaucoma

Comience a realizarse este test a la edad de cuarenta años. Si tiene visión normal, debería hacerse un examen de la vista cada tres a cinco años.

Electrocardiograma (ECG)

Debería hacerse un ECG inicial a los cuarenta años. Este test indoloro utiliza electrodos para registrar los impulsos eléctricos del corazón. El examen evalúa el funcionamiento del corazón y puede identificar heridas o anormalidades.

Chequeo de la presión sanguínea
La presión debería ser chequeada al menos una vez cada dos años. Si su presión sanguínea es elevada, debería tomar medidas para controlarla; puede requerir un control más frecuente.

Chequeo del colesterol
Si sus niveles de LDL, HDL, triglicéridos y colesterol total se hallan dentro del rango deseable, este simple análisis de sangre, que le ayuda a evaluar su riesgo de enfermedades cardiovasculares, debería realizarse cada cinco años.[5]

Aquí se describen pautas generales de control médico. Por supuesto, las necesidades de cada mujer son únicas, de modo que consulte el estado de su chequeo con su médico. Él o ella pueden sugerir exámenes adicionales o un programa diferente. La meta es mantener su cuerpo con el sistema específico de nutrición, que ayudará al proceso de salud.

OSTEOPOROSIS Y OSTEOMALACIA

Para algunas personas, el proceso de envejecimiento trae un aumento del dolor muscular y articular y el comienzo de la osteoporosis y la osteomalacia. Sin embargo, la naturaleza ofrece un regalo de protección y tratamiento para la osteoporosis, la cual roba la fuerza y la densidad a los huesos, y la osteomalacia, que implica la disminución de calcio en los huesos.

Realice esta prueba para ver si tiene riesgo de contraer estas enfermedades:

❏ ¿Tiene antecedentes familiares de osteoporosis?

❏ ¿Es caucásica o asiática?

❏ ¿Lleva una vida sedentaria?

❏ ¿Tiene una ingesta de calcio crónicamente baja?

❏ ¿Usted es rubia, delgada y con huesos pequeños y de talla pequeña?

- ❏ ¿Ha tenido un uso prolongado de medicamentos con cortisona?
- ❏ ¿Fuma, bebe café regularmente, o come carne roja?
- ❏ ¿Es postmenopáusica con antecedentes familiares de osteoporosis?
- ❏ ¿Ha tenido remoción de ovarios antes de la menopausia?
- ❏ ¿Tuvo una menopausia precoz, antes de los cuarenta y cinco años de edad?
- ❏ ¿Ha utilizado drogas para la tiroides por largos periodos?
- ❏ ¿Ha perdido altura?

Si respondió *sí* a cualquiera de estas preguntas, puede hacer su propia prueba casera para ver si en verdad tiene riesgo de osteoporosis: Use papel de pH (se consigue en farmacias), y examine su orina. Un registro de pH 7 (ácido) puede significar pérdida de calcio y huesos. Un registro por encima de pH 7 indica un bajo riesgo.

No olvide usar respuestas naturales para enfermedades paralizantes: Deje de fumar, y comience a hacer ejercicio. El ejercicio para mantener el peso es una excelente manera de prevenir la pérdida ósea y fortalecer los huesos. Un programa de caminatas es muy efectivo. (Vea capítulo 5.)

> ### 🐚 *Protocolo de la Dra. Janet para la osteoporosis*
>
> **AYUDA NATURAL PARA LA OSTEOPOROSIS**
> - → Crema de progesterona natural
> - → Ingiera alimentos bajos en proteína, enfocados en cereales integrales, verduras de hojas, y legumbres. Evite las gaseosas y limite el alcohol.
> - → Vitamina D: 350-400 UI diarios
> - → Vitamina C: 2.000 mg por día en dosis divididas
> - → Betacaroteno: 15 mg por día
> - → Vitamina B_6: 50 mg diarios
> - → Zinc: 15.30 mg diarios
> - → Magnesio: 800 mg diarios
> - → Calcio: 1,500 mg diarios

Tomar sol por la mañana temprano (antes de las 10:00) también es muy efectivo y aumenta la vitamina K de su cuerpo.

El factor más importante en la osteoporosis es la falta de progesterona, que causa una disminución del crecimiento del hueso nuevo. Agregando progesterona aumentará activamente la masa ósea y la densidad, y puede *revertir* la osteoporosis. Recomiendo la crema de progesterona natural transdérmica (aplicada sobre la piel).

EL EQUILIBRIO NUTRICIONAL
Y EL ENVEJECIMIENTO

Cuando una mujer envejece, tiene dificultad para absorber los nutrientes. En esta sección del capítulo vamos a ver detenidamente algunas de las decisiones nutricionales que podemos tomar, que nos ayudarán a equilibrar nuestro cuerpo durante el proceso de envejecimiento.

Cuando las enzimas digestivas no están funcionando en su nivel óptimo, ocurren deficiencias. Esto es cierto especialmente para las vitaminas B. Para asegurarse de compensarlo, debería comer verduras de hoja y cereales integrales. Agregar levadura de cerveza y germen de trigo a sus comidas la fortalecerá más contra la reducción de vitaminas B. Asegúrese de consumir diariamente fibras tales como avena, cereales integrales, verduras crudas, y semillas de lino molidas. Esto ayudará a reducir las toxinas de su tracto digestivo y prevenir la constipación. Aumente las bacterias saludables del tracto digestivo comiendo yogurt y otras comidas fermentadas tales como chucrut y kefir. Estas fuentes de bacterias saludables ayudan a luchar contra las infecciones.

Aumente el poder antienvejecimiento de su próxima comida agregándole orégano fresco. Shiow Wang, un científico del servicio de investigación agrícola del USDA (Departamento de Agricultura de los Estados Unidos), probó la acción antioxidante de veintiún hierbas frescas diferentes. Todas las variedades de orégano resultaron primeras. Más sorprendente aún fue el hecho de que la actividad antioxidante del orégano excedía a la de la vitamina E.[6]

Tome vitamina C cada día para facilitar la lucha contra el daño de los radicales libres, fortalecer su sistema inmunológico y reducir el riesgo de cáncer. Agregue alimentos que son buenas fuentes de vitamina C, tales como frutas cítricas, frutillas, tomates, espárragos, y vegetales de hojas verdes. Cuando cocine, agregue mucha cebolla, ajo o ambos a sus platos. Ambos tienen propiedades antioxidantes y mejoran la circulación. Asegúrese de consumir

Recomendación de la Dra. Janet:
Pruebe lino, fibras, ácido fólico y vitamina C si tuvo un mal papanicolau.[7]

diariamente proteínas en cada comida. Esto le dará más energía y proveerá a su cuerpo de combustible de consumo lento y parejo a lo largo del día. Las fuentes incluyen pollo magro y pavo, porotos y productos de soja. Disminuya su riesgo de enfermedades cardíacas, cáncer y artritis consumiendo alimentos ricos en vitamina E y selenio, tales como nueces, semillas de girasol, y aceites vegetales.

Mientras envejece, la deshidratación viene a ser un problema más. Asegúrese de permanecer bien hidratada bebiendo agua cada dos horas tenga sed o no. El mantenerse bien hidratada puede ayudarla a reducir los riesgos de constipación crónica, fatiga, dolores de cabeza, aumento de peso, disfunción renal y mala absorción de los nutrientes. El agua pura la mantendrá hidratada y ayudará a todos los sistemas del cuerpo a funcionar con mayor eficiencia. Además, el agua ayuda a la eliminación adecuada, quita las toxinas, alivia el dolor de la artritis, y ayuda a transportar las proteínas, vitaminas, minerales y azúcares para su asimilación. El agua ayuda al cuerpo a funcionar al máximo. Según mis investigaciones, la deshidratación es, entre los ancianos, una de las principales causas de permanencia en hospitales.

Para asegurarse un sueño apacible y reparador, consuma carbohidratos complejos, que pueden favorecer la relajación. Asegúrese de evitar la cafeína, el alcohol o los azúcares simples por la noche, ya que ellos la mantendrán despierta o evitarán el sueño profundo y reparador.

El siguiente cuadro le dará una lista de ¡los mejores superalimentos de todos los tiempos para la longevidad!

¡AÑADA VIDA A SUS AÑOS CON UNA BUENA NUTRICIÓN!

→ Evite las frituras, la carne roja, demasiada cafeína y alimentos procesados y altamente condimentados.

→ Consuma mariscos frescos al menos dos veces por semana para el equilibrio y salud de la tiroides.

→ Ingiera diariamente una bebida verde. Recomiendo Kyo-Green , de Wakunaga.

→ Nueces, semillas, porotos, fibra y ácidos grasos esenciales son nutrientes vivientes.

→ Las frutas frescas son ricas en enzimas y están llenas de vitaminas, minerales y fibra.

→ Las verduras frescas también son ricas en enzimas y llenas de vitaminas, minerales, y fibra.

Comience ahora a poner en práctica la reducción de calorías. Cuando envejece, su cuerpo requiere menos calorías; también quema las calorías a una velocidad menor. Además, se ha demostrado que una dieta baja en calorías protege de daños al ADN. Esto previene así la degeneración de órganos y tejidos. Trate de dar "un golpe más a las calorías" consumiendo solamente alimentos de gran calidad y altamente nutritivos en cada comida. Por ejemplo: coma frutas frescas y verduras, si es posible cultivadas orgánicamente.

PROTOCOLO ANTIENVEJECIMIENTO

Los siguientes suplementos son recomendaciones generales para ayudarle a envejecer, no sólo con dignidad, sino con vitalidad.

- *CoQ$_{10}$*: tome 50-300 mg diariamente. Es un antioxidante y favorece la salud cardiovascular. También protege de enfermedades periodontales y problemas de encías.
- *L-glutatione*: Es un aminoácido antioxidante que neutraliza la radiación e inhibe los radicales libres.
- *Enzimas vegetales*: tome dos cápsulas con cada comida para estimular la óptima digestión y utilización de los nutrientes.
- *Ácido alfa lipólico*: tome 50 mg dos veces por día. Es uno de los más importantes antioxidantes del cuerpo.
- *Cordiceps sinensis*: tome de dos a cuatro cápsulas diariamente. Le ayudará a combatir la fatiga, estimular la inmunidad, y luchar contra el proceso de envejecimiento. A menudo es usado en la medicina china.
- *Extracto reishi:* tome de dos a cuatro cápsulas por día. Es otro hongo del mundo de la medicina china muy utilizado para mejorar la inmunidad y la función hepática.
- *Gingko biloba*: tome 60-120 mg dos veces por día. Mejora la circulación, la audición y la visión, la memoria y la actividad cerebral, y tiene propiedades antioxidantes.
- *Gota kola*: este suplemento se usa para la salud del cerebro y el sistema nervioso.
- *Jalea real*: un superalimento antienvejecimiento, estupendo para la fatiga crónica y la salud inmunológica, también es una gran fuente de ácido pantoténico.
- *Lycopene*: un antioxidante contra el cáncer, reduce el riesgo de cáncer de próstata y de cuello de útero.

- *Germanium:* aumenta la oxigenación de los tejidos, y previene así de enfermedades.
- *Arándano*: este suplemento protege de la degeneración macular
- *Astrágalo*: usado para la salud de la glándula suprarrenal, este suplemento ayuda a disminuir la presión sanguínea y mejora la circulación.
- *Extracto de bayas de espino (Hawthorn berry):* protege el corazón del daño de los radicales libres y le ayuda a bombear la sangre de manera eficiente.
- *Una bebida verde* todos los días, según indicación, ayudará a desintoxicar su sistema y favorecer la inmunidad, alcalinidad, y las propiedades saludables de la sangre
- *Fórmula multivitamínica/mineral de alta potencia*: Este debería ser el fundamento al cual agregar otros suplementos basados en sus necesidades específicas.
- *Extracto de ajo añejado (Aged garlic)*: tome una o dos cápsulas diariamente. El ajo, tal como el Kyolic, estimula la salud de sus sistemas cardiovascular e inmunológico.
- *Ácidos grasos esenciales*: son aún más esenciales cuando la mujer envejece. Tome 2 cucharadas de aceite de semillas de lino o 3 gramos de aceite de pescado omega-3, omega-6, y omega-9 en una fórmula combinada.
- Asegúrese de seguir moviéndose a lo largo de toda la vida. Un programa de ejercicios cumplirá un rol importante en la prevención de la osteoporosis, la obesidad, las enfermedades cardíacas, y la artritis.
- Reduzca los niveles de estrés, ya que nada la envejece tan rápido.

Implementando estas sugerencias, puede permanecer en una situación de ventaja respecto a las enfermedades degenerativas ¡y desafiar su edad![9]

E ste capítulo es probablemente uno de los más importantes en el grueso de esta obra. Desde la cuna hasta la tumba, nuestras hormonas cumplen un papel vitalmente importante en nuestra salud y bienestar, tanto que se han escrito cientos de libros sobre este tema. Las mujeres de hoy no se cruzan de brazos y dejan que los síntomas del desequilibrio o disfunción hormonal destruyan sus vidas, salud y paz mental.

Las mujeres de hoy en día son afortunadas por tener acceso a mucha información y posibilidades. Nuestras madres y abuelas no las tenían, pero en general, sus problemas hormonales no eran tan graves como los que nosotras enfrentamos en esta era. Esto en parte se debe a la cantidad de *xenoestrógenos* del ambiente y la alimentación a los cuales estamos expuestas diariamente. Los *xenoestrógenos* son sustancias que ejercen un efecto similar al estrógeno en nuestros sistemas, contribuyendo así al desequilibrio hormonal por predominio estrogénico. Es este predominio del estrógeno el que causa la pubertad precoz en las jovencitas. Cuando le agrega una disminución de la función adrenal (hipoadrenia) debido a un estilo de vida sumamente estresante y mala alimentación, completado con alto consumo de cafeína y azúcar, usted tiene todos los ingredientes para una nación de mujeres hormonalmente desequilibradas.

La buena noticia es que cualquiera sea la etapa de su vida —SPM, perimenopáusica, o menopáusica— hay respuestas de la naturaleza que pueden ayudarle a recobrar el equilibrio y recuperar su ventaja.

SPM (SÍNDROME PREMENSTRUAL)

Se ha dicho que el 90 por ciento de las mujeres premenopáusicas sufre algún grado de SPM. Los síntomas pueden durar desde dos días hasta tanto como dos semanas e incluyen dolor de cabeza, variaciones en el ánimo,

> *Recomendación de la Dra. Janet:*
>
> ¿SPM? Pruebe la progesterona natural, aceite de semillas de borraja, y extracto de semillas de uva.

acné, hinchazón, irritabilidad, fatiga, dolor de pecho, ansiedad, depresión, dolor en la parte baja de la espalda, etc. Se cree que el SPM es causado por el cambio hormonal en los niveles de estrógeno/progesterona durante el ciclo menstrual.

El SPM es el resultado de niveles inadecuados de progesterona en la segunda mitad del ciclo menstrual. Esto crea una situación de "predominio estrogénico". Este predominio del estrógeno ocurre con mayor frecuencia en las mujeres hoy en día a causa de los xenoestrógenos como los contaminantes ambientales, pesticidas, recipientes de plástico, el estrés y la carne de vaca, las aves, y la leche cargados de hormonas del crecimiento.

Muchas mujeres dicen que experimentan la mayoría de los síntomas de SPM en el periodo de dos semanas que precede a la menstruación, cuando las proporciones son más elevadas. Además, la baja de la tiroides, la serotonina cerebral, el mal funcionamiento hepático y una alimentación que contiene demasiada sal, cafeína, azúcar y carne roja, todo está involucrado en el desarrollo del SPM. Se ha encontrado que muchas de quienes lo padecen tienen deficiencias de vitamina B y minerales. La agitación emocional y el estrés pueden aumentar los síntomas. Debido a todos los factores que contribuyen al SPM, no existe una causa ni un tratamiento. Nuevamente, la clave es el equilibrio.

Las siguientes recomendaciones proveerán a su cuerpo la nutrición y la ayuda de hierbas necesaria para lograr el equilibrio y experimentar alivio. Estas recomendaciones pueden tomar dos o tres meses en surtir efecto completo. Una vez que se logra el equilibrio, por favor recuerde que debe tener constancia y continuar con el protocolo para prevenir una recurrencia.

PROTOCOLO SPM

Dieta

Su alimentación debe ser baja en grasas con consumo regular de mariscos. Asegúrese de tener abundancia de verduras crucíferas y de hojas verdes para reducir la acumulación de estrógeno asociada al SPM (brócoli, coliflor). Consuma a menudo arroz integral para las vitaminas B.

Compre carne, leche, lácteos y alimentos enlatados que sean todos orgánicos. Elimine los lácteos durante sus días de SPM.

Utilice cereales integrales, y mantenga su dieta baja en azúcar y en sal. Evite la cafeína y los productos de origen animal.

Asegúrese de mantener óptima la función intestinal. Agregue fibra a su alimentación. Tome probióticos para favorecer la flora intestinal. Beba mucha agua (al menos seis vasos por día). El siguiente cuadro le brindará pautas para los síntomas específicos de SPM.

PROTOCOLO PARA LA PREMENOPAUSIA

Quienes sufren SPM han sido agrupados en cuatro categorías principales, divididas según los síntomas más comunes para los cuales las pacientes de STPM (síndrome de tensión premenstrual) buscan consejo médico y alivio. Le daré pautas para cada grupo.[2]

PMT-A: ansiedad, irritabilidad, y tensión nerviosa

Recomendaciones:

➥ Magnesio: 400-600 mg diarios

→ Calcio: 800-1200 mg diarios
→ Complejo vitamínico B: 1 diario
→ Pasionaria
→ Valeriana
→ GABA (ácido gamma-aminobutírico)
→ Crema de progesterona transdérmica, fórmula para el equilibrio de la mujer, de la Dra, Janet

PMT-C: aumento de apetito premenstrual, ganas de comer dulces (principalmente chocolate) azúcar refinado, resultando en periodos de debilidad, fatiga, palpitaciones, y dolor de cabeza

Recomendaciones:

→ Fórmula para el equilibrio de la mujer de la Dra. Janet
→ Complejo vitamínico B: 50-100 mg de cada vitamina B
→ Ingerir pequeñas comidas a lo largo del día
→ Picolinato de cromo: 200 mcg diarios: 400 mcg si pesa más de 150 libras (75 Kg).
→ Calcio: 800-1200 mg diarios
→ Magnesio: 400-800 mg diarios

PMT-D (tensión premenstrual-D): depresión, retraimiento, letargo, tendencias suicidas, confusión, incoherencia, dificultad para verbalizar.

Recomendaciones.

→ 5-http (5-Hidroxitriptofano): según la indicación médica del envase
→ Complejo vitamínico B: 100 mg de cada una de las vitaminas B
→ Magnesio: 400-800 mg diarios
→ Calcio: 800-1.200 mg diarios
→ Sleep Link, para el insomio
→ Crema de progesterona transdérmica, fórmula para le equilibrio de la mujer, de la Dra. Janet

PMT-H (tensión premenstrual-H): sensación premenstrual de aumento de peso, hinchazón abdominal, molestia, congestión de pecho, edema de rostro y extremidades.

Recomendaciones:
- ➹ Complejo vitamínico B: una cápsula dos veces por día
- ➹ Magnesio: 200-600 mg diarios
- ➹ Vitamina E: 40-800 UI diarias
- ➹ Aceite de prímula nocturna: 1,500 mg diarios
- ➹ Calcio: 800-1200 mg diarios
- ➹ Potasio: 1-2 mg diarios

Ejercicio

Haga ejercicios de estiramiento para que le ayuden con los síntomas del SPM. Mantenga liviano su horario de ejercicios. Respire profundamente, y pase veinte minutos al sol cada día si fuera posible.

Nutrición y suplementación

Para equilibrar la proporción de estrógeno/progesterona, use crema de progesterona natural aplicada tópicamente dos veces al día por dos semanas antes de que comience el ciclo menstrual.

Aumente los minerales ingiriendo calcio (1,200 mg diarios), y magnesio (400 mg) diariamente. Para elevar el ánimo puede usar 5-HTP. Tome 25-50 mg por la noche.

Para el dolor/molestia del pecho, elimine la cafeína y el chocolate, y use tópicamente crema de progesterona natural. También puede usar aceite de prímula nocturna, 3,000 mg diarios, y gingko biloba.

Ofrézcase un masaje "premenstrual" cada mes. Para aliviar el dolor de espalda tome quercetina (1,000 mg) o bromelia (1,500 mg), o póngase compresas de jengibre en la parte baja de su espalda.

PERIMENOPAUSIA

La perimenopausia ocurre en las mujeres alrededor de los cuarenta años y continúa hasta los cincuenta cuando el periodo menstrual se vuelve cosa del pasado, señalando el comienzo de la menopausia. Durante esta etapa de la vida, muchas mujeres experimentan una disminución o el cese de la producción de progesterona a causa del ciclo ovárico irregular y el envejecimiento ovárico. Al mismo tiempo, los niveles de estrógeno pueden ser excesiva o moderadamente elevados, causando un perturbador y continuo estado de desequilibrio. Esta condición se reconoce ahora como "predominio estrogénico". Y en eso reside la mayoría de las quejas de las mujeres maduras.

Las mujeres pueden experimentar una plétora de síntomas, algunos durante años. Pueden incluir fatiga, dolores de pecho, pensamientos confusos, irritabilidad, dolores de cabeza, insomnio, disminución del apetito sexual, ansiedad, depresión, síntomas de alergia (incluyendo asma), aumento de grasas (especialmente en la cintura), caída del cabello, cambios anímicos, pérdida de memoria, retención de líquidos, pérdida de hueso, cáncer de endometrio, cáncer de mama, lentificación del metabolismo, etc. El desequilibrio hormonal tiene efectos de largo alcance sobre muchos tejidos del cuerpo, incluyendo el corazón, el cerebro, los vasos sanguíneos, huesos, útero y mamas.

La clave para atenuar la perimenopausia está en volver a equilibrar los niveles de estrógeno y progesterona así como en controlar el estrés. Una vez logrado esto, las mujeres se sienten maravillosas otra vez, llenas de vitalidad, vivacidad, y optimismo. Se vuelven más sociables y más cuidadosas hacia ellas mismas y hacia otros.

SÍNTOMAS DE LA PERIMENOPAUSIA

Marque cualquiera de los siguientes síntomas que esté experimentando:

- ❏ Aumento de peso
- ❏ Dificultades para dormir
- ❏ Disminución del deseo sexual
- ❏ Ansiedad/irritabilidad
- ❏ Confusión
- ❏ Quistes de mama o dolores
- ❏ Ciclos menstruales irregulares

❑   Retención de líquidos
❑   Cambios anímicos
❑   Tumores fibromas
❑   Endometriosis
❑   Flujo menstrual irregular y abundante

Estos síntomas indican predominio de estrógeno, lo cual es común durante la perimenopausia.

Para volver a equilibrar el estrógeno y la progesterona, le recomiendo usar progesterona natural. No sólo ayuda a restaurar el equilibrio sino que también ayuda a regular la actividad de la tiroides. La progesterona natural es esencial para la producción de cortisona en la corteza suprarrenal, y previene los quistes de mama.

Se ha encontrado que la progesterona natural es efectiva para combatir la ansiedad perimenopáusica y las variaciones de ánimo. Además, juega un papel importante en la prevención y reversión de la osteoporosis. La progesterona natural ofrece a la mujer todos los beneficios sin un alto riesgo de los efectos colaterales que se encuentran comúnmente en la terapia de reemplazo hormonal convencional (TRH). La dosis recomendada para mujeres en la perimenopausia es ¼ a ½ cucharadita aplicada a cualquier área limpia de la piel dos veces por día (a la mañana y a la noche). Personalmente mantengo la mía en mi mesa de luz para asegurarme de no saltear ninguna dosis. (Las pautas para el uso de la progesterona en la perimenopausia se basan en un recipiente de dos onzas que contiene 960 mg en total, o 40 mg por ½ cucharadita, 20 mg por ¼ de cucharadita, o 10 mg por 1/8 de cucharadita).

USO DE LA PROGESTERONA NATURAL

➥   Mujeres que han tenido una histerectomía total (sin ovarios ni útero): 15-20 mg (¼ de cucharadita) por día de progesterona por veinticinco días del mes calendario, con cinco a siete días sin ella.

→ Mujeres que han tenido una histerectomía parcial (sin útero pero que todavía tienen ovarios): use ¼ a ½ cucharadita dos veces por día por tres semanas al mes.

→ Mujeres con endometriosis: use ¼ a ½ cucharadita de crema del día 8 a 26 de su ciclo.

→ Mujeres premenopáusicas que están menstruando pero no ovulando: use ¼ a ½ cucharadita de un recipiente de 2 onzas por mes. Comience a usarla el día 10 a 12 de su ciclo, y continúe hasta el periodo esperado.

Las áreas de aplicación incluyen el pecho, el interior de los brazos, cuello, rostro, palmas, y hasta las plantas de los pies si no están callosas. Aplíquela por la mañana y nuevamente a la hora de dormir.[3]

Según el difunto pionero de la terapia con progesterona, el Dr. John R. Lee: "Uno de los roles más importantes y poderosos de la progesterona en el cuerpo es equilibrar y combatir el estrógeno".[4]

La siguiente lista de los efectos del estrógeno y la progesterona le hará notar más la importancia del uso de la progesterona natural en la madurez y más allá. Personalmente uso progesterona natural todos los días, salteando la primera semana del mes.

EFECTOS DEL ESTRÓGENO	EFECTOS DE LA PROGESTERONA
Aumenta la grasa del cuerpo	Facilita el uso de la grasa como energía
Incrementa la retención de sal y líquidos	Actúa como un diurético natural
Aumenta los riesgos de cáncer de mama	Ayuda a prevenir el cáncer de mama
Disminuye el deseo sexual	Restaura el deseo sexual
Causa dolor de cabeza y depresión	Actúa como un antidepresivo natural

Reduce el control del azúcar en la sangre	Normaliza los niveles de azúcar en la sangre
Aumenta el riesgo de cáncer de endometrio	Previenen el cáncer de endometrio
Reduce el oxígeno en todas las células	Restaura el oxígeno adecuado para las células

Maravillas de la perimenopausia

Existen suplementos naturales que usted puede usar para tratar cualquiera de los síntomas de la perimenopausia que esté experim entando. Pruebe las siguientes maravillas en su régimen diario.

El *quercetin* es un potente antioxidante que reduce la inflamación de la endometriosis.

Recomendación de la Dra. Janet:

Si usted hace lo mejor por mantener el equilibrio físico, mental y emocional a través del ciclo de la madurez en su vida, envejecer será más digno y menos doloroso.[5]

También ayuda a reducir los niveles de estrógeno y colesterol, mientras estimula la circulación y la digestión adecuadas. El *Chaste tree berry* (sauzgatillo - Vitex Agnus-castus) favorece la producción de progesterona. La bromelia es una enzima digestiva que reduce el dolor y la inflamación cuando se las toma entre comidas. También puede incrementar su ingesta de ácidos grasos esenciales agregando aceite de semilla de lino a su dieta. Los ácidos grasos esenciales (AGEs) ayudan a reducir el dolor debido a hinchazón, dolor de pecho, endometriosis, y dolores menstruales. También son buenos para la piel, el cabello y el corazón. No olvide los beneficios de la vitamina C. Tomar 600-2,000 mg diariamente puede ayudarle a combatir las enfermedades cardíacas al prevenir la oxidación LDL. Tómela en dosis divididas.

MENOPAUSIA

¿Tiene algunos de estos síntomas?

- ❑ Está aumentando de peso.
- ❑ Sus periodos son irregulares.
- ❑ Le han diagnosticado fibromas uterinos.

❑ Tiene bultos y dolor en las mamas.

❑ Su piel está más seca, más fina, más arrugada, y carece de textura aterciopelada.

❑ Ha disminuido el deseo sexual, y la relación sexual es dolorosa.

❑ Está irritable, ansiosa, y quizás hasta depresiva.

❑ A menudo tiene infecciones urinarias o vaginales.

❑ Le duelen los músculos y las articulaciones.

❑ Olvida los pequeños detalles.

❑ Ha comenzado a experimentar "sofocos" y "descargas eléctricas" a través de su cuerpo.

❑ Daría cualquier cosa por un buen sueño nocturno.

¿Qué está pasando? Bienvenida a la etapa de transición de la madurez conocida como años premenopáusicos/menopáusicos. Es el tiempo de ajustarse los cinturones, ¡porque la vuelta en la montaña rusa está por comenzar! Es hora de que comprenda la anatomía de un sofoco. Los sofocos están relacionados con los niveles fluctuantes de estrógeno. Ocurren como resultado del aumento de la corriente sanguínea hacia el cerebro, la piel, y los órganos, lo que ocasiona una repentina sensación de calor que puede ir seguida de escalofríos. En la menopausia, la producción de estrógeno cae el 75-90 por ciento, mientras que la producción de progesterona está virtualmente detenida. Los andrógenos, las hormonas que estimulan el deseo sexual, caen el 50 por ciento.

El Dr. Eldred B. Taylor, director médico del Departamento de Medicina Integrativa del Centro Médico Dekalb en Atlanta, ha dicho: "La deficiencia de progesterona y el exceso de estrógeno están involucrados en la mayoría, sino en todos, los problemas ginecológicos que diagnosticamos y tratamos".[6] Y no son solamente los síntomas del desequilibrio hormonal lo que está molestando a muchas mujeres en la edad madura. Muchas no están muy al tanto de lo que les pasa a sus cuerpos y a sus sentimientos. Algunas hasta han perdido el contacto social mientras tratan de equilibrar el trabajo y la vida familiar. No se alimentan bien y terminan cansadas, desconcertadas, ansiosas y deprimidas.

Es lamentable que en la profesión médica muchos hayan tenido tendencia a tratar esta fase de nuestra vida como a un estado de enfermedad, en vez de un pasaje normal de la vida. En años anteriores, las mujeres con estos mismos síntomas eran nutridas con hierbas, confortación y sabiduría probada por los años, por mujeres mayores que habían pasado por ese camino antes que ellas. Los estilos de vida actuales son cada vez más frenéticos, y los niveles de estrés implacablemente altos, conduciendo a una mayor disminución de los niveles hormonales.

Muchos en la profesión médica han intentado tratar estos síntomas negativos que ocurren en la madurez con prescripciones médicas que elevan el ánimo y alteran la personalidad. El reemplazo con hormonas sintéticas ha sido un estándar del cuidado en la madurez. Recientemente, un estudio que marcó un hito, fue interrumpido bruscamente (The Woman's Health Initiative —Iniciativa de Salud de la Mujer) cuando se encontró tempranamente en ese Prempro, una medicación de estrógeno/ progesterona sintética que en realidad *aumentaba* el riesgo de infarto, derrame cerebral, y cáncer de mama.[7] El estudio fue abortado por la posibilidad de poner en peligro las vidas de las mujeres con su realización. Ahora, por primera vez en varias décadas, tanto los médicos como las pacientes están reconsiderando la salud hormonal de la edad madura. Ambos han oído, y las investigaciones han demostrado ya, que el estrógeno, cuando se halla en exceso, es un peligroso promotor del cáncer. Aviva el crecimiento del endometrio (endometriosis), favorece el crecimiento de fibromas, contribuye a los quistes y fibromas de mama, y provoca aumento de peso, dolor de cabeza, problemas de la vesícula, y periodos más abundantes, sólo para mencionar algunos de los efectos negativos.

Infecciones del tracto urinario

La menopausia también coloca a las mujeres en un mayor riesgo de infecciones del tracto urinario debido al cambio en las proporciones de estrógeno y progesterona. Un reducido nivel de estrógeno en el sistema de una mujer madura tiende a aumentar las cualidades adhesivas de la pared de la vejiga, evitando así la remoción bacterial adecuada en la micción. Además, cuando una mujer alcanza la edad madura, los músculos de su pelvis están debilitados como resultado de los embarazos y partos previos. Esto puede ocasionar que la vejiga se caiga, lo que contribuye al crecimiento de colonias de bacterias. Otros factores que contribuyen son el envejecimiento mismo, la mala postura, trastornos de la columna, excesiva grasa abdominal y constipación crónica. Muy a menudo, sin embargo, la culpable es la bacteria *E. coli* que viaja a través de la uretra. Si las infecciones de la vejiga son ignoradas por los estilos de vida frenéticos y no se tratan rápidamente, los riñones pueden infectarse también, llevando a una situación más grave que puede ocasionar fallas renales. Es esencial comenzar a atacar la infección ante el primer signo de incomodidad. Los síntomas de infección de la vejiga incluyen a menudo micción dolorosa, apremiante y frecuente, con dolores en la parte baja de la espalda y el abdomen, escalofríos, y fiebre mientras el cuerpo trata de luchar contra la infección. La orina suele ser turbia y con un olor fuerte. Ocasionalmente, se ven indicios de sangre.

Puede comprar un kit para un test casero UTI (urinary tract infection, infección del tracto urinario) a fin de determinar si en verdad tiene UTI. Durante el estado agudo de la UTI, tome 2 cucharadas de vinagre de manzana y miel con agua por la mañana. Limite el uso de diafragma, y orine tan pronto como sea posible después de las relaciones sexuales. Beba un vaso de agua tibia con ¼ de cucharadita de bicarbonato de sodio, y coloque una compresa de jengibre en los riñones y una compresa tibia de aceite de ricino en el abdomen.

Cucurbita pepo (comúnmente conocido como extracto de semillas de calabaza) ofrece ayuda para el funcionamiento saludable de la vejiga y el tracto urinario. Estudios in-vitro muestran que el extracto de semillas de calabaza modula la aromatasa, la cual convierte a la testosterona en estradiol en las mujeres. Una disminución en la conversión ayuda a mantener saludables los niveles de testosterona en las mujeres, beneficiando así los músculos de la pelvis y el funcionamiento de la vejiga. Se ha encontrado que el extracto de semillas de calabaza también ayuda a las mujeres menopáusicas a mantener una micción diurna y nocturna saludable.

También ayudará al funcionamiento del tracto urinario haciendo ejercicio y bebiendo ocho vasos de agua por día. Sabrá si el tracto urinario está fortalecido cuando las infecciones y la irritación de la vejiga cesen, aumente el flujo de orina, y cuando se sienta más liviana y no tan "empantanada". Las frutas tales como sandía y arándanos, y el apio, le ayudarán a mantener su sistema alcalinizado. Los ejercicios de Kegel serán de ayuda para la incontinencia urinaria.

LA ENCRUCIJADA DEL ESTRÓGENO

Las mujeres maduras se hallan hoy en día en una encrucijada. ¿Toman estrógenos y corren el riesgo de contraer después cáncer relacionado con las hormonas, o sufren en silencio mientras su cuerpo les duele y envejecen rápidamente? ¿Viven en un estado de deficiencia hormonal y se sujetan a la posibilidad de adquirir enfermedades degenerativas que atacan al cuerpo carente del equilibrio adecuado? La buena noticia es que no tiene que sufrir y ser víctima del envejecimiento acelerado y de las condiciones de salud degenerativas.

Hablemos sobre por qué lo mejor es una transición natural. Es de común conocimiento que los riesgos asociados con la TRH convencional han llenado las publicaciones médicas por más de veinte años. En 1975, la *New England Journal of Medicine* dijo que el estrógeno incrementaba significativamente el riesgo de cáncer de la cavidad uterina.[8] En 1997, Lancet afirmaba que la TRH convencional incrementaba el riesgo de cáncer de mama con cada año de uso.[9] Y en el 2000, la *Journal of the American Medical Association* escribió que las mujeres que recibieron el tratamiento combinado (estrógeno/progesterona) durante cinco años tenían un 40 por ciento más de posibilidades de desarrollar cáncer de mama que las mujeres que tomaban sólo estrógenos o no utilizaban hormonas.[10]

La buena noticia es que usted no tiene que sufrir los síntomas de envejecimiento acelerado y las condiciones de salud degenerativas que a menudo resultan de la terapia HRT convencional. Existen muchos suplementos naturales que pueden ser tan efectivos —y más— pues tratan con el inicio de la menopausia. En el siguiente cuadro, quiero darle un protocolo para tratar la menopausia naturalmente.

TRATAR LA MENOPAUSIA NATURALMENTE

COHOSH NEGRO (Cimicifuga racemosa)
Dosis: 80-160 mg diarios
El cohosh negro alivia la ansiedad, los sofocos, la sudoración nocturna, la sequedad y atrofia vaginal, la depresión, palpitaciones cardíacas, dolores de cabeza y trastornos del sueño. (Nota: no consuma cohosh negro si se está aplicando una prescripción médica de TRH convencional.)[11]

Semillas de lino
Dosis: aceite, cápsulas según indicaciones, o 2 cucharadas de semillas de lino diariamente. Las semillas de lino ayudan a mantener la piel suave y los tejidos vaginales sanos. También ayuda al cuerpo a producir prostaglandinas (combaten la inflamación).

Vitamina E
Dosis: 400-1,600 UI diarias
La vitamina E reduce el riesgo de infartos y derrames cerebrales. Es un nutriente de la piel, equilibra el ánimo, y alivia los sofocos.

CREMA DE PROGESTERONA

Dosis: ¼ a ½ cucharadita aplicada en cualquier parte limpia de la piel dos veces por día (mañana y noche). La progesterona natural puede equilibrar la proporción de estrógeno y progesterona, aliviando así todos los síntomas del predominio de estrógeno. Además, ayuda a fortalecer los huesos y alivia la ansiedad, y protege del cáncer de mama.[12]

DONG QUAI (ANGELICA SINENIS)

Dosis: 250-500 mg diarios

Dong Quai tiene actividad fitoestrogénica y ha sido llamado el ginseng femenino debido a su capacidad de aumentar la energía y la sensación de bienestar.

FIBRA

Dosis: Agregue alimentos ricos en fibra a su dieta diaria o consuma suplementos de fibras. La fibra es crucial porque las mujeres que tienen constipación tienen cuatro veces más posibilidades de tener cáncer de mama. Para determinar el monto ideal de fibra que necesita para su óptima salud visite http://www.healthcalculators.org/calculators/fibers.asp , provisto como un servicio público por el Sistema Médico de la Universidad de Maryland.

GAMMA ORYZANOL

Dosis: 300 mg diarios derivados de aceite de salvado de arroz

El Gamma oryzanol disminuye los sofocos, dolores de cabeza, insomnio y variaciones del ánimo.

EL CASO DE LA TERAPIA DE REEMPLAZO HORMONAL BIOIDÉNTICA

Creo que en los días de nuestra juventud, nuestros cuerpos producen abundantes hormonas para mantenernos jóvenes, saludables, y radiantes. Con el paso de los años, nuestros cuerpos no producen las hormonas en las cantidades equilibradas que nos hacen sentir vigorosas. ¿Qué hacemos? La respuesta es simple. Nos volvemos al reino vegetal, donde abundan las hormonas naturales. Porotos de soja, cohosh negro, camote mejicano, y regaliz pueden ser de beneficio para la mujer perimenopáusica/menopáusica. Pero para muchas mujeres los estilos de vida estresantes han hecho que se vuelvan hacia las hormonas bioidénticas que son derivadas de estas plantas y luego sintetizadas en un laboratorio para ser molecularmente similares a las hormonas que nuestro cuerpo produce.

¿Usted necesita el reemplazo de hormonas bioidénticas?

Primero, hágase un test de sus niveles hormonales. Recomiendo el kit de test de saliva ZRT Saliva, del Dr. David Zava y el Dr. John Lee. Verifique sus niveles hormonales antes de comenzar cualquier programa de reemplazo de hormonas naturales; verifíquelos de nuevo después de seis meses para ver el progreso realizado. Este test evalúa progesterona, estradiol, estrone, estriol, testosterona, androstenediona, DHEA-S (sulfato de dehidroepiandrosterona), y cortisol. La mayoría de las mujeres evalúan solamente los niveles de estradiol y progesterona. Creo que debería examinar todos estos niveles; luego puede prepararse un programa de reemplazo de hormonas especialmente para usted en base a sus resultados. Una vez que sabe cuáles son sus niveles, puede elegir tomar hormonas bioidénticas, que son idénticas a las hormonas que su cuerpo produce naturalmente.

¿Qué son exactamente las hormonas bioidénticas?

A diferencia de las hormonas sintéticas, que las compañías de medicamentos fabrican deliberadamente diferentes para patentar las drogas (tales como Prempro, Provera, y Premarin), las bioidénticas tienen la misma estructura molecular que las hormonas (progesterona, estrógeno, DHEA, etc.) que nuestro cuerpo crea, de ahí el nombre de *hormonas bioidénticas*.

Las hormonas bioidénticas son mucho más seguras para su cuerpo porque son más fáciles de metabolizar sin muchos de los efectos colaterales que crean las hormonas sintéticas. Se ha demostrado que aumentan el vigor, reducen el vello facial, aumentan la sensación de bienestar, mejoran la memoria, ayudan a bajar de peso, incrementan el deseo sexual, y aumentan la vitalidad. A la inversa, las hormonas, sintéticas tiene efectos colaterales que incluyen falta de deseo sexual, dormir mal, aumento del riesgo de cáncer y aumento de peso. Además del reemplazo de hormonas bioidénticas, asegúrese de mejorar su alimentación, comer bien y frecuentemente, descansar mucho, beber mucha agua (la mitad de su peso en onzas diariamente), y tome un suplemento de calcio y un buen suplemento multivitamínico todos los días. Cerciórese de atender la salud de las glándulas suprarrenales, ¡ya que cumplen un papel importante en su equilibrio hormonal!

Recomendación de la Dra. Janet:

La buena noticia es que puede evaluar sus hormonas en la privacidad de su propia casa.

Puede solicitar su propio equipo para el test de saliva Saliva Hormone Test Kit de:
ZRT Laboratory
Info@zrtlab.com
Teléfono: 503-466-2445
Línea directa de Hormonas:
503-466-9166 (24 horas biblioteca en casete de audio)

Por favor observe que algunos estados requieren que su médico solicite estos tests.

Respecto al análisis de hormonas, ¿cuál es mejor: el análisis de sangre o el de saliva? Es preferible un análisis de saliva, más asequible, y más certero que un análisis de sangre. La ventaja de un análisis de saliva es que permite examinar los niveles de hormonas con mayor certeza porque la saliva contiene solamente las hormonas activas biológicamente libres. Un análisis de sangre no puede examinar las hormonas biológicamente activas.

La menopausia puede variar ampliamente entre un individuo y otro. Muchos factores influyen en el tiempo de la menopausia, incluyendo traumas, cirugías, y bajo peso, lo cual trae una menopausia precoz debido a la reducida producción de hormonas en los ovarios. La anorexia puede hacer que los ovarios se cierren completamente. Tener sobrepeso puede atrasar la menopausia porque las grasas adicionales incrementan el estradiol.

Las mujeres físicamente activas y bien alimentadas experimentan una menopausia tardía mientras que las fumadoras, de manera precoz. El agotamiento de las glándulas suprarrenales debido al excesivo estrés y una mala alimentación pueden provocar una menopausia precoz. Aquí hay algunas de las cosas más sencillas que usted puede hacer para que esta época tan compleja de su vida sea más equilibrada.

SIMPLIFICAR LA MENOPAUSIA

Siga estas pautas alimenticias cuando experimente los síntomas de la menopausia:

→ Agregue alimentos de soja a su dieta.
→ Limite el azúcar, la cafeína, los pasteles, las tortas, y las masas.
→ Limite la ingesta de carne roja.
→ Consuma verduras frescas, frutas y nueces.
→ Ingiera pequeñas comidas a lo largo de todo el día en vez de tres grandes.
→ Limite los productos lácteos.

Existen también muchos remedios de hierbas naturales que aliviarán los síntomas de la menopausia y la ayudarán a encontrar el equilibrio en esta etapa. Le sugiero que pruebe uno por uno y decida por usted misma los que realmente le dan alivio.

→ Aceite de prímula nocturna: 1,300 mg tres veces por día
→ Aceite de semillas de pasas negras
→ Dong Quai, que es rico en fitoestrógenos
→ Frambuesa roja
→ Regaliz, el cual es importante para su salud renal
→ Fórmula para el equilibrio de la mujer de la Dra. Janet (crema de progesterona)
→ Cohosh negro (Cimicifuga racemosa)
→ Bioflavonoids, que son ricos en fitoestrógenos
→ Enzimas vegetales, ingeridas con las comidas
→ Vitamina C
→ Vitamina E, un normalizador hormonal

→ Complejo vitamínico B
→ Raw Female glandular
→ Adrenal glandular
→ 5-HTP, para el insomnio y la ansiedad de noche

Será importante también que realice cambios significativos en su estilo de vida. Asegúrese de hacer diariamente lo siguiente:

→ Ejercicio (recomiendo los ejercicios Pilates y los ejercicios para mantener el peso).
→ Risa
→ Terapia de masajes
→ Respiración profunda

La menopausia no señala el fin de la vitalidad, el atractivo, y el propósito en la vida. Es un tiempo de reevaluación y de enfocarse en el resto de su vida. Es una oportunidad para cumplir los deseos de su corazón. Es un tiempo de sabiduría y de compartir esa sabiduría y esos talentos que son exclusivamente suyos. Muchas mujeres experimentan "el entusiasmo de la postmenopausia" por la vida. Es un tiempo maravilloso de servicio, autodescubrimiento, y madurez espiritual.

LECTURAS RECOMENDADAS POR LA DRA. JANET

→ Dra. Christiane Northrup, *The Wisdom of Menopause* (*La sabiduría de la menopausia*) (Nueva York: Bantam Books, 2001)
→ Dr. John R. Lee, con Virginia Hopkins, *What Your Doctor May Not Tell You About Menopause (Lo que su médico no puede decirle acerca de la menopausia)* (Nueva York: Warner Books, 1999)
→ Dra. Judith Reichman, *Relax, This Won't Hurt* (*Rélajese, esto no daña*) (Nueva York: William Morrow y Co., 2000)

Según una investigación realizada en 1994, más de un cuarto de millón de mujeres trabajadoras entrevistadas dijeron que su preocupación principal era la dificultad que tenían para equilibrar el trabajo y la familia. La mitad de esas mujeres declaró que el "exceso de estrés" era un problema serio para ellas.[1] El estudio mostró que era más probable que las mujeres reportaran el estrés que los hombres, y que ellas reaccionaron a un rango más amplio de estresores. Estas mismas mujeres fueron nuevamente estudiadas en 2000 y 2001, y se descubrió que aquéllas que sufrieron estrés elevado en 1994 y 1995 tenían probabilidades más altas de desarrollar afecciones crónicas en 2000 o 2001.[2]

Cuando el estrés es ignorado, puede escalar a *distrés*. Una mujer que está distresada se dirige hacia el "burnout" y el agotamiento total. El estrés es la señal que le da su cuerpo de que su vida necesita atención. ¡No lo ignore! Tómelo como una señal que le dice que usted debe reconocer sus limitaciones, tomar una decisión, satisfacer una necesidad, o tomar tiempo para descansar.

Cuando viene el estrés, está diciendo: "Si no te tomas un tiempo para estar bien, definitivamente deberás tomarlo para estar enferma". El estrés, cuando no es dirigido, hace a las mujeres vulnerables a padecimientos emocionales y físicos como ansiedad, enfermedad, ataques cardíacos y depresión.

Para equilibrar su vida usted debe desarrollar un estilo de vida balanceado que incluya a los amigos, la familia, el trabajo, la recreación, el amor, tiempo para usted misma, y tiempo para su crecimiento espiritual. Una vida completa —equilibrada física, emocional y espiritualmente—, lleva a un sentido mayor de bienestar. Cada mujer es diferente. Lo que tensiona a su mejor amiga Jane puede no estresarla a usted. Depende de cómo percibe usted las cosas. Un *estresor* es cualquier demanda buena o mala hecha a su cuerpo o a su mente. Los estresores pueden ser causados por presiones externas, como un ambiente de trabajo malo, o por presiones internas, como sentir que usted debe competir o que no es lo bastante buena o que cuidar de sus necesidades es ser egoísta.

> **Recomendación de la Dra. Janet:**
> Usted no debe descuidarse a sí misma mientras trata de atender las necesidades de todos, tanto en su hogar como en su trabajo.

Para empezar el proceso curativo, usted debe identificar las causas de su estrés y los efectos que tienen sobre su cuerpo, mente y espíritu. Si en su vida hay situaciones que la estresan y que son incambiables, debe aprender a dejar de gastar tanta de su preciosa energía emocional en esas situaciones y comenzar a enfocarse en áreas para las cuales puede encontrar soluciones.

Los siguientes síntomas normalmente están asociados con exceso de estrés.

CHEQUEO DEL TRASFONDO

Tilde cada síntoma que usted esté experimentando:
- ❑ Dolores de cabeza
- ❑ Tensión muscular
- ❑ Enojo
- ❑ Irritabilidad
- ❑ Ansiedad
- ❑ Insomnio
- ❑ Indigestión

❏ Burnout
❏ Alta presión sanguínea
❏ Falta de apetito
❏ Incapacidad para concentrarse
❏ Depresión
❏ Interés sexual disminuido

Si reconoce cualquiera de estos síntomas, usted debe tomar ahora medidas para prevenir la enfermedad emocional y física en el futuro.

EL ESTRÉS Y USTED

Cuando empezamos este capítulo, tomé este estudio de autoevaluación desarrollado por el Centro de Midwest para el Estrés y la Ansiedad, para averiguar cuánto estrés emocional y dolor están contribuyendo a su estado actual de salud y desequilibrio. Hay trasfondos comunes en las personas que padecen ansiedad, enfermedad crónica, y fatiga emocional.

CHEQUEO DEL TRASFONDO

Verifique qué se aplica a usted:

Niñez

❏ Inestabilidad educativa /divorcio de los padres
❏ Falta de aprobación y alabanza
❏ Sentimiento de que usted debía probarse a sí misma como niña
❏ Educación religiosa estricta /culpa y miedo
❏ Hermanos que criaban a otros hermanos
❏ Desórdenes nerviosos en la familia
❏ Separación o pérdida de un miembro de la familia
❏ Padres estrictos con expectativas altas
❏ Historia familiar de alcoholismo
❏ Baja autoestima
❏ Los sentimientos no se mostraban o desplegaban fácilmente

Hay muchos rasgos de personalidad que adoptamos por causa de nuestras experiencias infantiles. Los siguientes rasgos se encuentran comúnmente en personas que padecen ansiedad, desórdenes relacionados con el estrés, y dolor emocional.

Tilde aquéllos con los que pueda identificarse:
- ❑ Tendencia a reaccionar exageradamente
- ❑ Perfeccionista
- ❑ Nerviosismo interno
- ❑ Emocionalmente sensible
- ❑ Arrastra culpa
- ❑ Sumamente analítica
- ❑ Demasiado preocupada por las opiniones de los otros acerca de usted
- ❑ Pensamiento obsesivo
- ❑ Preocupación por problemas de salud
- ❑ Expectativas altas
- ❑ Incapacidad para tomar decisiones

LA CONEXIÓN CUERPO-MENTE

Cuando su dolor emocional se convierte en ansiedad galopante, usted puede experimentar cualquiera de los siguientes síntomas.
- Fatiga
- Tensión muscular
- Extraños achaques y dolores
- Migraña, dolores de cabeza
- Depresión
- Mareos
- Oleadas de calor y de frío
- Náuseas
- Palpitaciones del corazón
- Desorientación
- Ataques de pánico
- Pensamientos asustadizos
- Sudor

Si usted está experimentando estos síntomas, debe empezar a equilibrar su salud emocional y reducir su estrés emocional para empezar a equilibrar sus síntomas físicos de estrés. No se descorazone. Su Creador la ha creado con la capacidad de vivir en equilibrio: cuerpo, mente y espíritu. Recuerde lo que la Biblia nos ha prometido:

> Ustedes no han pasado por ninguna prueba que no sea humanamente soportable. Y pueden ustedes confiar en Dios, que no los dejará sufrir pruebas más duras de lo que pueden soportar. Por el contrario, cuando llegue la prueba, Dios les dará también la manera de salir de ella, para que puedan soportarla.
>
> —1 CORINTIOS 10:13, DHH

CUATRO NIVELES DE ESTRÉS

Ahora, miremos los cuatro niveles de estrés. Esto la ayudará a determinar hasta qué nivel la ha llevado su estrés.

CUATRO NIVELES DE ESTRÉS

NIVEL I
- Pérdida de interés en actividades agradables
- Caída de las comisuras de los ojos
- Plegamiento de la frente
- Se vuelve de mal carácter
- Aburrimiento, nerviosismo

NIVEL II
Todos los de nivel I, más:
- Cansancio, enojo, insomnio, paranoia, tristeza

NIVEL III
Todos los de los niveles I y II, más:
- Dolores crónicos de cabeza y cuello
- Alta presión sanguínea
- Malestar estomacal
- Parecer más vieja

NIVEL IV
Todos los de los niveles I, II, y III, más:
- Desórdenes de la piel
- Funcionamiento defectuoso del riñón
- Infecciones frecuentes
- Asma

→ Enfermedad del corazón
→ Colapso mental o emocional

RECUPERACIÓN DEL ESTRÉS

Una cierta cantidad de estrés es normal —y necesaria— en la vida de todos. Sin el estrés del despertador todas las mañanas, muchas de nosotras no nos levantaríamos a tiempo para afrontar las responsabilidades diarias. Incluso algunas mujeres responden mejor con poco de estrés que si en sus vidas no está presente ningún estrés. Pero casi toda mujer tiene hoy en su vida más estresores de lo que es saludable. Usted debe actuar y tomar decisiones para equilibrar mejor su vida librándose de algunas de las tensiones que le están robando ahora la buena salud y creando las condiciones para achaques crónicos en el futuro. Empiece hoy considerando su vida y el estrés que está enfrentando.

Conteste las preguntas siguientes:

1. ¿Qué es lo realmente importante en mi vida?

_____

_____

_____

2. ¿Qué quiero para lograr para mi vida?

_____

_____

_____

3. ¿Para mi familia?

_____

_____

_____

4. ¿Quiénes son las personas importantes de mi vida?

_____

_____

_____

5. ¿Cómo daré prioridad a las cosas que son más importantes?

_____

_____

_____

Una vez que ha hecho el inventario de su vida, usted puede empezar a desarrollar un plan de ataque para tratar con —y poder librarse de— algunas de las tensiones de su vida. Considere las siguientes sugerencias para su plan de ataque

1. Diga *no* a añadir demandas de su tiempo personal.
2. ¡Sea más flexible, y olvídese de ser *perfecta*! Simplemente hágalo del mejor modo que pueda.
3. Haga que la diversión y la relajación sean parte de sus planes diarios y a largo plazo.
4. Valórese a sí misma y a lo que hace.
5. Consiga ayuda para sus responsabilidades domésticas si la necesita.
6. Enfóquese en sus logros, y no en sus limitaciones.
7. Cuide de *usted*; invierta en su salud.
8. Ejercítese en dejar ir el enojo.
9. No tome la vida demasiado en serio;ríase a menudo.
10. Establezca redes de apoyo, amistad, y cooperación en su comunidad.
11. Delegue responsabilidades a otros.
12. Dedique tiempo a organizar su casa y su lugar de trabajo, y lleve nota de eventos, fechas especiales, y compromisos.[3]

Además de estas sugerencias, considere también recordar los siguientes puntos para su recuperación:

*   Esperar la perfección conduce al estrés.

- Debe responder positivamente a los eventos de la vida. Usted tiene una opción.
- Los estresores están arraigados de sus hábitos diarios y en las maneras en que usted "se habla a sí misma" sobre lo que ha ocurrido.
- El estrés no manejado puede causarle enfermedad.
- El estrés puede ser el resultado de acontecimientos mayores de la vida, como una enfermedad o de la acumulación de "molestias diarias."
- El estrés tiene un efecto acumulativo.

CÓMO DERROTAR AL ESTRÉS

¡Es posible derrotar al estrés antes de que él la derrote a usted! Siguiendo las pautas y lineamientos que ha aprendido en este capítulo —y en los precedentes— usted puede empezar a poner equilibrio físico, emocional, y espiritual en su vida. El equilibrio es la clave para vencer al estrés. Cuando se prepare para hacer que las pautas que está aprendiendo de este libro sean parte de su vida diaria, recuerde incorporar también los siguientes puntos para derrotar al estrés.

- *Simplifique su vida.* Haga inventario de cómo gasta su tiempo, dinero, y energía; determine si realmente quiere o necesita todo eso en lo que actualmente invierte. ¿Puede cortar algo sin sacrificar felicidad personal o familiar? Recorte las actividades innecesariamente estresantes de su vida. Diga *no* la próxima vez que le pidan que asuma una nueva responsabilidad si usted ya está sobrecargada de ellas.
- *Duerma todo lo necesario.* La mayoría de las mujeres no lo hace. Si usted tiene problemas para dormir, una rutina vespertina puede ayudarla. No beba cafeína ni haga ejercicio hasta

tarde; establezca un horario regular para acostarse y no lo extienda más de una hora los fines de semana.

- *Coma bien.* Además de escoger comidas saludables, haga de las horas de comer un encuentro social agradable. Celebre un tiempo de familia planeando actividades juntos, como hacer el menú, poner la mesa, y cocinar juntos.
- *Ejercítese.* Hacerlo activa reacciones químicas de nuestros cuerpos, refuerza nuestros humores, nos pone en forma para manejar desafíos físicos y no tiene por qué ser estructurado. Busque oportunidades de moverse: estacione más lejos de su destino para dar un paseo más largo, tome las escaleras en lugar del ascensor o juegue a la pelota con su familia en el traspatio.
- *Diviértase.* Mantenga un adecuado equilibrio entre el trabajo y el esparcimiento, y las actividades a solas y las grupales. A veces necesitamos tiempo a solas para acomodar nuestros pensamientos; otras veces necesitamos alrededor personas a quienes abrazar, escuchar, o con quienes compartir ideas.
- *Mantenga un sistema de apoyo.* Asegúrese de que su horario acomode sus tiempos con los de sus seres amados. Piense en actividades recreativas que no cuesten mucho y que pueda hacer con sus amigos o familia. Si está luchando con una enfermedad o con alguna circunstancia como ser madre sola, únase a un grupo de apoyo.
- *Medite, ore.* Encuentre maneras de enfocar energía en un significado y propósito que vayan más allá de su vida cotidiana.

- *Mantenga su sentido del humor*. La risa descarga tensiones. Busque lo que hay de cómico en la vida cotidiana. Halle comedias clásicas en la televisión o en la sección de vídeo de la biblioteca.
- *Sea asertiva*. No reprima las emociones y experiencias negativas. Cuando tenga un mensaje difícil de dar, describa la situación, exprese sus sentimientos, especifique sus necesidades, y dígaselo a la persona directamente involucrada. Apúntelo primero o practíquelo verbalmente, si eso la ayuda.
- *Sea creativa*. Complázcase en aficiones agradables, tales como pintar, cultivar un huerto o jardín, bailar, escribir un diario, o cantar en el coro de la iglesia o por su cuenta.
- *Dé de sí*. Encontrar un modo de ayudar a alguien que lo necesita es la mejor manera de recordarnos a nosotras mismas que debemos estar agradecidas por las cosas que damos por sentadas.
- *Mímese a sí misma*. No cuesta mucho relajarse con un largo baño de burbujas, un baño de pies mientras lee el correo, o que un familiar le restriegue la espalda.[4]

Use su MANTO para aliviar el estrés.

Cuando me enfrentó con el estrés y la tensión en mi propia vida, he encontrado que mis músculos se aprietan por todo mi cuerpo, y generalmente me siento miserable. A través de la investigación descubrí que tanto la tensión física como la emocional se almacenan en los músculos, lo que la pone a usted más tensa. Quiero compartirle una técnica maravillosa que trabajará para usted una y otra vez cuando se enfrente con un cuerpo que está tenso y con los músculos apretados. Yo lo llamo la *Técnica del MANTO*. Sigo usándolo mientras estoy escribiendo este libro para liberar la tensión de mi cuello y hombros. ¿Cuál es? Es muy simple. Simplemente tense cada parte de su cuerpo, una sección por vez, y manténgalo mientras cuenta hasta diez. Usted se dará cuenta de que necesita su *manto* (*mantle* en inglés) todos los días:

M   Músculos
A   Siempre (always)
N   Necesitan
T   Tensión
L   Soltar (loosening)
E   Cada día (every day)

Empiece con sus ojos... tense y sostenga durante diez segundos, luego suelte. Haga una respiración profunda y limpiadora, llenando su diafragma de aire y exhalando despacio a través de su boca. Luego, apriete todos los músculos de su cara y boca; haga una cara y manténgala durante diez segundos. Haga otra respiración profunda y limpiadora. Continúe este ejercicio de tensar y soltar las otras partes de su cuerpo, incluyendo cuello, hombros, brazos, manos, dedos, estómago, bajo abdomen, muslos superiores, pantorrillas, pies, y dedos de los pies. Después de que cada área ha sido relajada, use este tiempo para la oración y reflexión.

¿● *Protocolo de la Dra. Janet para el estrés*

"Antiestresantes" naturales

→   El *ginseng siberiano* es una raíz que pertenece a la familia del ginseng de hierbas adaptogénicas. Los adaptógenos ayudan a construir nuestra resistencia al estrés. El ginseng siberiano ayuda al cuerpo a adaptarse al estrés y disminuir la fatiga, factores que subyacen a menudo en el cuadro de ansiedad. Mejora el metabolismo del oxígeno y del azúcar en sangre así como la función inmune. Tómelo diariamente durante dos a tres meses;

luego haga un descanso de dos semanas y reanúdelo.

Como el ginseng siberiano es un estimulante, no lo tome antes de ir a la cama o si tiene la presión sanguínea alta. No es para la ansiedad severa. Vea a su doctor si sus síntomas son severos. Un último punto: no confunda el ginseng siberiano con el ginseng de Panax, porque los ginseng de Panax pueden aumentar sus niveles de cortisol, la hormona del estrés del cuerpo.

→ La *valeriana* se usa ampliamente en Europa como sedativo. También se usa en medicina china para tratar achaques nerviosos e insomnio. Se dice que su efecto es similar a los tranquilizantes de benzodiazepina, pero sin efectos colaterales. La valeriana trabaja como las benzodiazepinas reforzando la actividad del GABA (ácido gamma-aminobutírico), el neurotransmisor naturalmente tranquilizante.

Tome 300-900 mg de extracto de valeriana (estandarizado al 0.8 por ciento de ácido valérico) para el insomnio, una hora antes de irse a la cama; 50-100 mg tomados dos a tres veces por día pueden ayudar a mejorar sus niveles de ansiedad y estrés. No tome valeriana con alcohol. Los efectos colaterales son raros pero pueden incluir dolor de cabeza y efectos estimulantes en algunas personas. Los efectos de uso de la valeriana son acumulativos, por lo que usted tiene que tomarla durante dos a tres semanas antes de evaluar sus resultados.

→ La pasionaria es una planta trepadora, nativa de América del Norte. Combinada con valeriana, la pasionaria es un remedio herbal popular muy usado a través de Europa para el insomnio, la ansiedad, y la irritabilidad.

→ El corazoncillo o infusión de St. John (Hypericum perforatum) se ha usado para tratar la ansiedad y la depresión en Europa durante veinticuatro siglos. ¿Bastante impresionante, no le parece? La infusión de St. John es una sustancia natural que refuerza la actividad del GABA. Además, refuerza la actividad de tres neurotransmisores importantes: la serotonina, la norepinefrina, y la dopamina.

La dosis estandarizada es de 300 mg de extracto (estandarizado al 0.3 por ciento hipericino) tres veces por día. La infusión de St. John debe tomarse durante seis semanas antes de evaluar sus resultados, porque el efecto es acumulativo y no inmediato. No tome la infusión de St. John si usted está tomando antidepresivos recetados, sobre todo los inhibidores de MAO (como Nardil o Parnate). Si usted deja de tomar un antidepresivo prescripto, espere al menos cuatro semanas antes de tomar la infusión de St. John para asegurarse de que no haya efectos que queden solapados. Los efectos colaterales son muy raros pero incluyen vértigo e irritación gastrointestinal.

→ *Kava*, la raíz de piper methysticum y miembro de la familia del árbol pimentero, es nativo del área del Pacífico Sur. El kava tiene un efecto tranquilizante natural en el cerebro produciendo un efecto consolador en la amígdala, el *centro de alarma* del cerebro. La dosificación recomendada es de 70-85 mg (70 kava-lactonas por ciento), tomados por la tarde. Usted puede aumentar la dosis hasta 100 mg tres veces al día, si es necesario.

No mezcle kava con alcohol, antidepresivos farmacéuticos, benzodiazepina, tranquilizantes, o píldoras para dormir. Si usted tiene la enfermedad de Parkinson, no debe tomar kava porque puede empeorar su debilidad muscular. Dosis sumamente altas de kava (diez veces la dosis normal) pueden causar problemas de visión y respiratorios y musculares. A altas dosis también ha ocurrido que la piel se pusiera amarilla y escamosa. El kava, si se usa apropiadamente, puede traer un bendito alivio.[5]

→ El 5-HTP es derivado de la semilla del árbol de Griffonia y se relaciona con el aminoácido triptófano. Se usa para aliviar la ansiedad, insomnio, depresión, y otras afecciones relacionadas con bajos niveles de serotonina. El 5-HTP es la materia prima que el cuerpo usa para fabricar serotonina, el neurotransmisor relacionado con el humor. Al elevarse los niveles de serotonina en el cuerpo, la ansiedad y depresión pueden ser aliviadas. Estudios informales sugieren que el 5-HTP es eficaz para la ansiedad ligera, moderada y auténticos desórdenes de la ansiedad. El rango de dosis más efectivo estudiado es de 75-100 mg por día. Usted debe empezar con 25 mg diarios en el momento del día en que se siente más ansiosa.[6]

AGOTAMIENTO SUPRARRENAL — CONECTADA... ¡PERO CANSADA!

Cuando Carmen llegó a los cuarenta notó que le resultaba difícil levantarse por la mañana. Experimentó fatiga continua que no se aliviaba mediante el sueño. Ansiaba comidas saladas. Estaba aletargada y todo le parecía aburrido. Debió esforzarse más para hacer las tareas cotidianas. Además, notó que tenía menos capacidad para manejar el estrés. Los interludios románticos con su marido no la atraían en absoluto, porque apenas tenía energía suficiente para sostenerse cada día. La infección respiratoria que cogió en agosto le seguía ya avanzado septiembre, y se encontró mareándose cuando se incorporaba rápidamente. Le costaba concentrarse, y su memoria era pobre. Esto la hizo empezar a deprimirse. Algo que a Jane le resultó raro fue el hecho de que se sentía mejor después de cenar y durante las últimas horas de la tarde cuando su energía parecía volver. Jane estaba padeciendo los síntomas clásicos de la función suprarrenal baja.

Hoy, muchas mujeres padecen una a menudo malentendida, no reconocido, y subdiagnosticada afección que suele arder sin llama bajo la superficie. Es conocida como *hipoadrenia*, o agotamiento suprarrenal. Pesando menos de una cereza y no siendo más grande que una ciruela, cada una de sus dos glándulas suprarrenales está como colgada sobre su riñón. Desde este ventajoso punto, ellas afectan grandemente el funcionamiento de cada tejido, glándula, y órgano

Recomendación de la Dra. Janet:

"Su biografía llega a ser su biología."

de su cuerpo. Además, también tienen un efecto profundo en la manera que usted piensa y se siente. Hacia los 40, su energía, paciencia, y su verdadera vida dependen en gran medida de una función suprarrenal apropiada. Es a los 40 cuando una mayoría de norteamericanos puede sufrir de algún grado de colapso suprarrenal.[7] Parece ser una epidemia debido al excesivo estrés físico, emocional, y ambiental.

Las mujeres que padecen de baja función suprarrenal baja suelen experimentar los siguientes síntomas: presión sanguínea baja, fatiga, letargo, cambios en el apetito sexual (normalmente bajo o inexistente), en el balance de electrolitos y fluidos, y cambios en el metabolismo de las grasas y en el corazón y el sistema cardiovascular. Además, la forma del cuerpo puede cambiar hacia la de una "manzana" debido al exceso de grasa distribuido en la sección central. Las personas con función suprarrenal baja viven con un sentimiento de desgano generalizado. Con frecuencia dependen de café, tés, colas, chocolate, y otros estimulantes para mantener su energía lo bastante nivelada como para atravesar el día. Estas substancias sólo exigen más a las suprarrenales, lo que a su vez crea un ciclo vicioso, o tiovivo si usted quiere, que es difícil de romper.

La baja azúcar en sangre también es una parte del cuadro hipoadrénico, así como las alergias, asma, inmunidad baja, y dolor artrítico. La salud mental de una mujer también es afectada por una salud suprarrenal pobre. Los síntomas incluyen ansiedad, depresión, timidez, dificultad para concentrarse, confusión, y frustración. Si la afección se ignora, la hipoadrenia puede poner el fundamento para problemas de salud más serios como la fibromialgia, asma, desórdenes autoinmunes, diabetes, y infecciones respiratorias.

La hipoadrenia suele ocurrir a los 40. ¿Por qué son los 40 la época más común para que aparezca la hipoadrenia? La respuesta es simple ...estrés. A los 40, a diferencia de cualquier otro periodo, debemos tratar a menudo con muchos estresantes acontecimientos de cambio de vida. Hemos experimentado construir una familia y todo el estrés (bueno y malo) que eso conlleva. Hemos edificado carreras, y nos esforzamos por tener matrimonios y familias felices. Podemos haber tenido una operación o dos, y podemos haber

> ### Recomendación de la Dra. Janet:
>
> El estrés la golpea en su hipotálamo, causando un desequilibrio en su proporción de estrógenos y progesterona; también activa la producción excesiva de hormonas suprarrenales. Pruebe vitamina C, fibra, vitaminas B, indole-3-carbinol y ejercicio para soltar y aliviar el estrés.[8]

perdido un trabajo, un amigo querido, un padre, o incluso la amada mascota familiar. Podemos haber tenido un accidente de automóvil, una quiebra, un divorcio, problemas con parientes políticos, y haber trabajado demasiado y divertirnos demasiado poco, pero la mayoría de nosotros no hemos dedicado tiempo a desarrollar una relación personal íntima con Dios.

La fatiga suprarrenal normalmente es activada o causado por el estrés, sea por una infección subaguda, estrés físico, agitación emocional, o dolor psicológico. Sus glándulas suprarrenales son afectadas por cada tipo de estrés. Las suprarrenales son como baterías que se agotan cada vez que un estresor afecta nuestra vida. Si estas baterías no se recargan descansando bastante, comiendo una dieta apropiada, y complementando el cuerpo con nutrientes específicamente adrenales ...si usted no ha perdonado bastante en su vida personal, no hizo bastante ejercicio

...si usted continúa consumiendo estimulantes (cafeína, colas, tés, etc.), un colapso suprarrenal es posible.

Es más difícil reconstruir su sistema después que ocurre un colapso. La prevención está lejana y lejos la mejor ruta para tomar. Demasiados eventos traumáticos y el estrés implacable afectan la capacidad de sus glándulas suprarrenales para repuntar y recuperarse. Con el tiempo, el agotamiento suprarrenal puede volverse el único estado que usted conoce. Mujeres que padecen esta condición dirán a menudo: "Me siento como si simplemente estuviera existiendo", o "No sé donde me fui". Hay ciertos rasgos de personalidad comunes a las personas con función suprarrenal baja.

FUNCIÓN SUPRARRENAL BAJA - RASGOS DE PERSONALIDAD COMUNES

¿La describen estos rasgos?
- → Perfeccionista
- → Falta de sueño
- → Manejable
- → Uso de estimulantes
- → Personalidad tipo "A"
- → Falta de tiempo y actividades libres
- → Quedarse hasta tarde
- → Quedarse en situaciones que no resulta en ganancia (esto crea estrés y frustración)

Es durante los 40, cuando las mujeres se están esforzando en mantenerse al ritmo de las demandas diarias, que las suprarrenales necesitan ser fortalecidas y fortificadas. Esto es especialmente verdadero para las mujeres premenopáusicas/ menopáusicas. A los 40, las suprarrenales están diseñadas para hacer *doble tarea* y tomar la posta de los ovarios cuando ellos empiezan a cerrar su producción de hormonas sexuales. Si las suprarrenales están sobrecargadas y agotadas, no pueden ayudarnos a resolver la transición de la menopausia.

Aquí es cuando muchas mujeres tipo A experimentan una menopausia casi insufrible, completada con ansiedad severa, monstruosas llamaradas de calor, fatiga extrema, y más. A estas mujeres se les prescribe a menudo Paxil, Xanax, y los consumen en estos años de transición, ahorrando a sus familias al mismo tiempo tratar con Mamá y su desequilibrio emocional. Las buenas noticias son que usted puede recuperarse de esta condición que roba a muchas mujeres la salud radiante y la alegría.

Si usted quiere ver cuán bien están funcionando sus glándulas suprarrenales, haga esta prueba. Primero, acuéstese y descanse durante cinco minutos. Entonces, tómese la presión sanguínea. Póngase de pie inmediatamente y tómese la presión sanguínea una vez más. Si su presión es más baja luego de ponerse de pie, usted ha reducido la función de la glándula suprarrenal lo cual significa que sus baterías probablemente necesitan una recarga. Si su presión es más baja cuando está descansando, es más severa la baja de la función suprarrenal. Normalmente el número sistólico (o el número más alto de la lectura de la presión sanguínea) es aproximadamente diez puntos más alto cuando usted está de pie que cuando se acuesta. Una diferencia de más de diez puntos debe tratarse inmediatamente porque es de extrema importancia en su viaje hacia la salud.

Le recomiendo que alimente sus agotadas suprarrenales con los siguientes suplementos para devolverles plenamente su poder.

El *ácido pantoténico*, una vitamina del complejo B conocida como una vitamina antiestrés, juega un papel en la producción de hormonas suprarrenales. Es muy útil para aliviar la ansiedad y depresión y fortificar las glándulas suprarrenales. Además, el ácido pantoténico es necesario para producir nuestros propios aliviadores de dolor naturales que incluyen el cortisol. Esto es muy importante porque el dolor suele ir de la mano con el vaciamiento emocional.

Vitaminas del complejo B: consisten en todo el espectro de vitaminas B y ayudan a mantener un sistema nervioso saludable. Las vitaminas del complejo B vienen en dos dosis estándar, 50 mg y 100 mg. Yo recomiendo 50 mg como dosis diaria para la mayoría de las personas, porque la mayoría de las personas toman un multivitamínico que contiene vitaminas B.

La *vitamina C* se requiere para crecimiento y reparación de los tejidos, y para las encías saludables y la función de la glándula suprarrenal. La vitamina C también nos protege contra infecciones y fortalece nuestra inmunidad. En este contexto sólo mencionaré el efecto que la vitamina C tiene sobre las suprarrenales.[9]

La *Jalea Real* (2 cucharadas diariamente) se conoce por ser una bendición para el cuerpo contra el asma, enfermedades del hígado, desórdenes de la piel e inmunosupresión. Esto es porque es rico en vitaminas, minerales, enzimas, y hormonas. Además, posee propiedades antibióticas y antibacteriales. Es interesante notar que contiene naturalmente una alta concentración de ácido pantoténico.

El *astrágalo* (tomado como se indica en la botella) es una hierba que ayuda a la función de la glándula suprarrenal. También combate la fatiga y protege el sistema inmune. Esta hierba tuvo una gran parte en fortificar y fortalecer mi cuerpo cuando batallé contra el virus de Epstein-Barr. Es de verdad una hierba poderosa en términos de estimular la inmunidad.

La *L-tirosina* es un aminoácido que ayuda a construir el suministro natural de adrenalina y hormonas tiroideas del cuerpo. Se transforma en L-dopa, que es una terapia segura para la depresión. Si usted está con antidepresivos o tiene cáncer, debe evitar la tirosina. La L-tirosina apoya la producción de catecolaminas neurotransmisoras, refuerza el humor y la función cognoscitiva sobre todo en situaciones que involucran estrés o cuando los niveles de dopamina, epinefrina, o norepinefrina requieren ayuda.[10]

El Complejo suprarrenal es un suplemento dietario que contiene tejido suprarrenal bovino concentrado, lo cual ayuda a mantener y fortalecer las glándulas suprarrenales.[11]

SEÑALES DE ADVERTENCIA DE AGOTAMIENTO SUPRARRENAL:

Causas: estrés persistente, personalidad del tipo A, y uso a largo plazo de drogas córticoesteroides para el asma, artritis, y alergias; demasiada azúcar y cafeína en la dieta; deficiencia de vitaminas B y C. El agotamiento suprarrenal también es común durante la etapa de la vida perimenopáusica y menopáusica.

Señales de advertencia:

→ Reacciones severas a olores o a ciertas comidas
→ Infecciones de levadura recurrentes
→ Palpitaciones del corazón y ataques de pánico
→ Piel seca y uñas que se pelan
→ Manos y plantas de los pies sudorosas
→ Energía baja y memoria pobre
→ Dolor crónico en la baja espalda
→ Deseos de sal y azúcar

Si usted sospecha que puede estar sufriendo de agotamiento suprarrenal, puede empezar a recargar sus baterías siguiendo este protocolo para la restauración suprarrenal.

RESTAURACIÓN SUPRARRENAL

→ ¡Descanse, descanse, descanse!
→ Vitamina C, 3,000-4,000 mg diariamente en dosis divididas
→ Ácido pantoténico, 100 mg tres veces diariamente
→ Suplemento glandular suprarrenal como se indica en la botella
→ Aminoácido L-tirosina, 500 mg diariamente

→ Dieta: arroz integral, almendras, ajo, salmón, platija, lentejas, semillas de girasol, salvado, levadura de cerveza, y aguacate.

→ Jalea real, 2 cucharaditas diarias

Como parte de su acción equilibradora, usted debe usar un plan de ataque tripartito. Primero, el ejercicio es un gran aliviador del estrés que ayuda a bajar los niveles altos de cortisol. Aumenta las endorfinas y la serotonina, lo qué inhibirá la respuesta de estrés. Simplemente haga ejercicio treinta minutos al día, cinco veces por semana, y agregue entrenamiento fuerte dos veces por semana. Esté segura de tomar descansos a lo largo de su día para difuminar su estrés. ¡El solo llevar a pasear al perro hará maravillas! Respire profundamente, y refleje todas sus bendiciones.

La nutrición es la próxima área que usted debe tratar. Elimine las azúcares refinadas e hidratos de carbono, y coma diariamente cuatro a cinco porciones de frutas y verduras y tres porciones de granos integrales. Esto la mantendrá energizada y menos inclinada a *comer por estrés*.

Finalmente, el aspecto mental de manejo del estrés es comprender que la tensión no es estrés a menos que usted la perciba como estrés. Es cómo usted reacciona y actúa lo que determinará si será perjudicial para su salud. Cuando toma conciencia de que el estrés puede aumentar la presión de su sangre, aumentar su riesgo de ataque cerebral, aumentar sus niveles de cortisol, cambiar la composición de su cuerpo, aumentar su riesgo de enfermedades degenerativas y robarle la energía y el entusiasmo por la vida, usted debe volverse proactiva y dar los pasos que perfilé para usted en este capítulo.

La vida es para ser vivida con vibración, productividad y expresión creativa. El estrés es un gran ladrón de la salud y de la vida vivida en plenitud.

Capítulo 11
LAS RELACIONES DE UNA MUJER

L a obtención del equilibrio en su vida no se puede comprender totalmente sin entender la importancia de las relaciones de una mujer —incluyendo sus relaciones íntimas, sus interacciones y relaciones en comunidad con otros, y su relación con su Creador. La importancia del propósito, el impacto de estar conectada o pertenecer a algo más grande que usted, y la paz y satisfacción que vienen de poner el servicio antes que el ego, tienen grandes implicaciones que la ayudarán a que viva en equilibrio —física, emocional y espiritualmente.

MUJER E INTIMIDAD

Desde el mismo momento de la concepción experimentamos con nuestra madre una intimidad que se cristaliza cuando nos sostiene en sus brazos el día de nuestro nacimiento. Nos sentimos seguros, afianzados, aceptados y amados. A lo largo de la vida de una mujer hay muchas relaciones íntimas cruciales para vivir una vida de equilibrio y salud emocional, física y espiritualmente. Esto incluye la intimidad con nuestros padres, nuestros esposos, nuestros hijos, nuestros amigos y nuestro Dios.

La verdadera intimidad sólo puede experimentarse cuando usted abre a otro las partes más profundas, más íntimas, y más auténticas de su ser. En el contexto del matrimonio, sólo se logra intimidad sexual cuando usted se hace totalmente vulnerable a su esposo. En esa reunión de cuerpo, mente y alma, usted y su esposo se vuelven "uno".

Cuando una mujer entiende esta dinámica, experimentará la más poderosa forma de comunicación posible entre personas: ¡la intimidad!

En su libro *Intimacy* (Intimidad), el escritor Douglas Weiss dice: "La intimidad no es en realidad un misterio: es un proceso".[1] Así como el proceso de comer correctamente y hacer ejercicio la mantiene saludable y equilibrada en su vida física, el proceso de dominar las capacidades básicas de la intimidad le permitirá disfrutar de una satisfactoria y duradera intimidad con su esposo y con otros con quienes usted comparte una manera íntima de relacionarse.

Vivimos en un mundo físico, y como seres físicos pedimos intimidad física. En un estudio de la Escuela de Medicina de Harvard, los investigadores descubrieron que ese toque físico es la clave para unir a los infantes con sus madres. Encontraron que los niños institucionalizados en los orfanatos de Rumania, cuyos cuidadores no les brindaron ningún toque físico, no formaron relaciones normales con otros niños y eran indiferentes y miedosos. Ellos exhibieron conductas como abrazarse a sí mismos, mecerse y acunarse.[2]

> **Recomendación de la Dra. Janet:**
>
> Dedique tiempo a hacer que su matrimonio siga siendo excitante. Planee "citas" diarias, semanales y en fines de semana, para mantener viva la chispa.

La investigación demostró conexiones cruciales entre el contacto físico, la secreción de cortisol, la hormona de la tensión, y el desarrollo social. Se encontró que los anormales niveles de cortisol en los niños de Rumania interferían en su crecimiento y actividades mentales y motoras. Los investigadores pudieron observar este mismo hallazgo entre las víctimas del Holocausto, las personas gravemente deprimidas, y quienes padecen el desorden de estrés postraumático.[3]

El toque es parte importante de la intimidad física. Douglas Weiss dice: "Esto es especialmente cierto en un matrimonio.

Una pareja que regularmente se toca el uno al otro sosteniéndose las manos, abrazándose, besándose, y dándose una palmadita ocasional en la espalda ha dominado la tan necesaria intimidad física no-sexual".[4]

La intimidad emocional "compromete el alma, tocando, conectando y encontrando en el otro un lugar de seguridad y permanencia donde usted puede descansar."[5] La capacidad de ahondar la intimidad con su esposo y otros seres amados es interminable. Pero uno de los primeros pasos que debemos dar para compartir la intimidad emocional con otro es aprender a identificar nuestras propias emociones reales. Para compartir intimidad emocional con otro, usted debe aprender a compartirse usted misma.

La intimidad no sólo se expresa mediante toques. Puede expresarse intimidad de muchas maneras. Dígales a sus padres, sus hijos y sus amigos que usted los ama y que le importan. Demuéstreselos a diario. Dígale a su esposo cuánto lo ama, y demuéstreselo constantemente. Aparte tiempo para compartir con él sexual, recreativa y socialmente.

INTIMIDAD 101

Ser emocionalmente saludable es indispensable para la intimidad. Son nuestras emociones las que nos permiten disfrutar de intimidad plena y cordial con otros. He listado los problemas más comunes que imposibilitan la intimidad.

BARRERAS A LA INTIMIDAD

Orgullo

La baja autoestima baja produce falso orgullo, envidia, cólera, prejuicios, resentimiento y arrogancia. El falso orgullo nace usualmente del miedo, la inseguridad, y el enojo. Una mujer, cuando se llena de orgullo, puede llegar a estar pesadamente cargada de miedo e inseguridad y puede rebelarse coléricamente contra estos rasgos adoptando una actitud de superioridad que hace imposible la intimidad.

Envidia

La baja autoestima y una naturaleza rencorosa, resentida, son asociadas con la envidia. Como mujer, usted debe saber que Dios la hizo con atributos únicos y especiales que son una expresión de Él. Usted es valiosa; usted es amada. La envidia puede mantenerla entrampada en una vida que le impida gozar de la abundancia de Dios y la intimidad con otros.

Enojo

El enojo es uno de las mayores barreras a la intimidad. Cuando permite que el enojo se encone dentro de usted, causa dolor, y puede llevarla a la enfermedad física y al aislamiento.

REMEDIO DE LA DRA. JANET PARA LAS BARRERAS A LA INTIMIDAD

→ Aprenda a controlar sus emociones.
→ No reaccione exageradamente.
→ Hágase responsable de sus propias emociones.
→ Perdone de una vez por todas.
→ Rodéese de personas positivas y que le levanten el ánimo.
→ Abra su corazón sin expectativas.
→ ¡Ame, ame, ame! Ame y déjese amar.

LA MUJER EN COMUNIDAD

Cuando viene a sus padres, sus hijos y sus amigos más íntimos, el acto de darse a sí misma a estas relaciones revela y transmite quién es usted, y le permite expresarse en abierta, auténtica y vulnerable comunidad.

Como mujeres somos miembros de una comunidad de asistencia mutua. Los servicios voluntarios y comunitarios están asociados con una mejor salud. Muchas mujeres experimentan un sentido de pertenencia cuando dan a otros. Algunas mujeres sienten que cuanto más hacen, más aceptación conseguirán. Esto puede ser peligroso en términos de su salud. Usted debe aprender la diferencia entre el cuidado y la preocupación excesiva. El verdadero cuidado de otros viene del amor incondicional y reforzará su salud, mientras que la preocupación excesiva y el "burnout" resultante de no delegar responsabilidad terminarán destruyendo su salud y descargando sus baterías.

Lo he experimentado personalmente. Estar excesivamente prevenido es ser estar excesivamente preocupado. No escuché a los cuchicheos que mi cuerpo me siguió dando. Finalmente, recibí "el golpe en la cabeza" con una seria enfermedad relacionada con el estrés. De nuevo, de mi corazón al suyo, usted tiene que preguntarse: *¿Qué me motiva, mi exceso de preocupación o mi exceso de cuidado?* ¿Es verdaderamente el amor incondicional? En ese caso, está bien. Sólo asegúrese de cuidarse también a usted misma en el proceso. Recuerde los puntos esenciales del cuidado de sí misma: duerma bastante, coma apropiadamente, haga ejercicio, beba el agua suficiente, y disfrute de sus amigos y de la comunidad.

Pero por otro lado, si su exceso de cuidado es motivado por el miedo, debe buscar dónde está arraigado ese miedo. ¿Puede ser que usted llegue al punto del agotamiento físico y emocional para sentirse aceptada y amada? En ese caso, usted se está preparando para el martirio. Es saludable tanto para el destinatario como para el dador cuando usted brinda consuelo a alguien, pero muchas mujeres han pagado el precio de haber dado de sí mismas cuando habían excedido sus propias reservas. La enfermedad personal es una gran maestra.

> **Recomendación de la Dra. Janet:**
> Riegue sus amistades: ¡ellas son las flores del jardín de su vida!

Mi mensaje para usted es éste: como mujeres, no podemos estar disponibles para alguien de una manera saludable a menos que estemos cuidando de nuestras propias necesidades y satisfaciéndolas. Esto puede sonar egoísta al principio, pero a la larga, usted será más fuerte, más saludable, y, créalo o no, estará mejor equipada para querer a otros. ¡Es como poner la máscara del oxígeno primero sobre su propia nariz para poder ayudar a todos los que la rodean! Mientras cuida de otros en su comunidad, debe quererse a sí misma y a su alma.

La importancia de la comunidad

Hay estudios que muestran que cuanto menos conexiones humanas tenemos en casa, en el trabajo y en la comunidad, es más probable que nos enfermemos, inundemos nuestros cerebros con sustancias químicas causantes de ansiedad y nos muramos prematuramente. En estudios pioneros de siete mil personas de California, los que tenían menos conexiones con la familia, los amigos, la comunidad, y las instituciones religiosas tenían tres veces más probabilidades de morirse durante los nueve años en los que el estudio fue realizado.[6] Lo más interesante era que quienes tenían más conexiones vivieron significativamente más tiempo, aunque fumaran, bebieran, o se mantuvieran a tocino y hamburguesas con queso. Según el psiquiatra Edward M. Hallowell, autor de *Connect* (Relaciones), "Estar relacionado es un factor protector importante, probablemente más que bajar la presión de su sangre, perder peso, dejar de fumar, o llevar su cinturón de grasa". Él sigue diciendo: "Es la clave no reconocida de la salud emocional y física, y ése es un hecho médico."[7]

Según Mark Leary, PhD, de la Universidad de Wake Forest de Winston-Salem, Carolina del Norte, el anhelo de relaciones estables es una necesidad humana fundamental que tiene sólo dos requisitos: contacto regular, y demostraciones persistentes de afecto.[8] Con cada latido del corazón, necesitamos sentir nuestra pertenencia. La necesidad de aceptación es intrínseca, está en la médula de nuestros huesos. En otras palabras, la amistad no es un lujo; es una necesidad.

En el mundo de hoy la práctica de vinculaciones femeninas a menudo es reemplazada por la tecnología. Se ha hecho más y más fácil pedir productos y servicios online, comunicarse vía e-mail, y realizar todos nuestros negocios desde nuestras computadoras en nuestras casas. Es importante para nuestra salud actual y futura reconectarnos con nuestros amigos y nuestra comunidad porque, como lo declaré previamente, se ha probado que cuantas más conexiones humanas tengamos, es más probable que vivamos mucho más tiempo y mejor.

LA MUJER Y SU DIOS

Hágase tiempo cada día para estar con Dios. Comparta sus sentimientos más profundos con su Padre celestial. Con Él usted obtiene la máxima intimidad. Según Linda C. Grenz y Delbert C. Glover en *The Marriage Journey* (El viaje matrimonial), la relación sexual que compartimos con nuestro esposo se vincula estrechamente con nuestra espiritualidad.[9] Invertir tiempo en construir intimidad sexual con nuestro esposo también contribuye a nuestra vida espiritual y nos mueve más allá de un mero acto sexual a ser profunda y plenamente "uno" con nuestro esposo. Esto nos trae a ese espacio donde, en un nivel profundo, somos conscientes de ser "uno" con Dios.

La verdadera intimidad es el jardín de la vida; ¡usted debe regarlo, fertilizarlo, nutrirlo y mejorarlo con alegría! Cuando viene a nuestro ser espiritual, Dios es nuestro compañero íntimo. La relación de una mujer con su Creador impacta su cuerpo, mente, emociones y espíritu.

Como mujeres, debemos tratar con el síndrome del nido vacío, con matrimonios que necesitan constante riego, padres que envejecen, desequilibrios hormonales, estrés, y mucho más. Usted debe confiar ahora más que nunca en fe, pero al mismo tiempo ser proactiva en términos de su salud. La vida sin equilibrio es meramente una existencia. ¡Una existencia equilibrada es verdaderamente una vida!

Muchas mujeres invierten sus vidas enteras en un hombre. Ahora bien, es cierto que un hombre puede ser su amante y compañero, pero no puede ser su Señor. Un hombre no puede sanar su herida o dolor. Los hombres también necesitan ser sanados. Las mujeres necesitan tomar sus sentimientos de falta de perdón y problemas no resueltos y llevárselos a Dios. Como declara T. D. Jakes en *La dama, su amado y su Señor*: "Podemos ser enfermeras o asistentes de otros, pero no podemos realizar la cirugía. Todos nosotros somos, a lo sumo, meros auxiliadores. La maestría en el oficio debe venir del Maestro."[10] Él sigue diciendo que Dios es el Gran Confortador. "Él puede desenredar la oscura mortaja del pesar y puede soltar el corazón cautivo que está enterrado en ella. Él tiene la capacidad de limpiar los traumas y restaurar la paz. Él enjuga nuestras lágrimas y recoge nuestros dolores."[11]

Así como el cuerpo de una mujer tiene ciertas características o apetitos, es lo mismo con su alma. Su alma anhela paz, contentamiento y felicidad. Su alma tiene anhelo de Dios. Ella ansía reconciliarse con Dios y tener compañerismo con Él para siempre.

Recomendación de la Dra. Janet:

Para lograr el equilibrio, el alma de una mujer exige tanta atención como su cuerpo. Requiere compañerismo y comunión con Dios. Requiere adoración, quietud y meditación.

Muchas veces cuando una mujer padece ansiedad, depresión, estrés y las resultantes enfermedades físicas, se produce un vaciamiento espiritual. La siguiente tabla le ayudará a tratar con estos síntomas, sobre todo con la depresión.

Protocolo de la Dra. Janet para la depresión

Apoyo natural para la depresión
- → Vitaminas del complejo B
- → Vitamina B_6: se necesita para fabricar serotonina
- → Vitamina B_{12}: ayuda al cerebro a fabricar acetilcolina, un neurotransmisor involucrado en el aprendizaje y la memoria
- → Ácido fólico: se necesita para hacer elevadores del humor llamados *catecolaminas*, como la dopamina, la norepinefrina, y la epinefrina[12]

Se ha demostrado que los siguientes suplementos ayudan en el manejo de la depresión. Se recomienda que usted escoja sólo uno por vez, para

que pueda ver cuán bien responde a él. (Nota:
Si usted ya está empleando un antidepresivo por
prescripción médica, no detenga ese tratamiento
sin consultar a su médico. Detenerlo abruptamente
puede causar síntomas de abstinencia como temblores, vómitos, náuseas, fatiga y dolor de cabeza,
para no mencionar una reemergencia de la depresión.)

→ SAMe, 400 mg, ha sido una bendición para
víctimas de depresión y ha aliviado tanto la
depresión como el dolor en muchos casos.

→ La infusión de St. John o corazoncillo (hypericum perforatum) es un antidepresivo natural. Tome 300 mg tres veces al día. No debe
tomarse junto con medicaciones ISRS (inhibidores selectivos de recaptación de serotonina).

→ 5-HTP (5-hidroxitriptofano) aumenta naturalmente el nivel de serotonina (Prozac natural).
Es importante en la formación de neurotransmisores del cerebro. No debe tomarse junto
con medicaciones ISRS.

→ El CoQ_{10} estimula la inmunidad y ayuda a
disminuir la inmunodeficiencia en épocas de
ansiedad crónica, depresión y pesar.

→ Ácidos grasos Omega-3

→ Ginkgo biloba

→ Ginseng

→ Fenilalanina

→ Tirosina (Nota: Si usted está tomando
una medicación inhibidora de la
monoaminoxidasa (MAO), no debe usar
tirosina porque puede elevar su presión
sanguínea.)

→ DMAE (dimetilaminoetanol)

→ L-carnitina

→ Tiroxina (si la función tiroidea es baja). Este
aminoácido es excelente para las personas que
padecen estrés prolongado e intenso.

La nutrición apropiada es crucial y resulta clave para el funcionamiento de su cerebro. Coma comidas ricas en calcio, magnesio, y vitaminas B. Coma alimentos que contengan triptófano, como pavo, patatas, y plátanos. Recuerde recortar las comidas dulces y la cafeína, y beber sólo agua pura. Alimente su cerebro con una mezcla de lecitina, germen de trigo y levadura de cerveza (tome 2-3 cucharadas grandes diariamente). Espolvoréela en la harina de avena o en su cereal integral favorito.

Sin embargo, usted no puede superar estos síntomas y lograr pleno equilibrio si se limita a seguir un protocolo para alivio físico. He incluido este capítulo para grabar en usted que si descuida la parte espiritual de su ser el equilibrio no es posible. Más de trescientos estudios han confirmado que las personas de fe son más saludables que las no creyentes y tienen menos probabilidades de morir prematuramente por cualquier causa. Tener fe también puede acelerar la recuperación de enfermedades físicas y mentales, cirugías y adicciones. La fe le da un sentido de paz y la ayuda a poder mirar más allá de sus problemas presentes con esperanza, lo que a su vez reduce el estrés y baja su riesgo de ansiedad y depresión.

Para muchas mujeres, la iglesia es un lugar donde se sienten parte de una comunidad de personas que las cuidan y se interesan por sus vidas. Esto se traduce en un sentimiento de estar integradas y aumenta sus sentimientos de significado y propósito. Según Dale A. Matthews, MD, profesor asociado de medicina de la Escuela de Medicina de la Universidad de Georgetown en Washington DC y autor de *The Faith Factor: Proof of the Healing Power of Prayer* (El factor fe: Prueba del poder curativo de la oración), el cuerpo responde positivamente a la fe.[13] La presión de la sangre y la velocidad del pulso tienden a ser más bajos, el consumo de oxígeno mejora, los patrones de ondas del cerebro se lentifican, y la función inmune se refuerza si usted practica regularmente su fe. Cuando usted comprenda que es un ser espiritual que está teniendo una experiencia terrenal, entenderá la importancia de alimentar su alma para equilibrar su cuerpo y regenerar su vida.

EQUILIBRIO EN LA INTIMIDAD

Si usted es una mujer que está padeciendo falta de equilibrio en cuerpo, mente y espíritu, es mi oración que este libro la ayude a volver al punto de equilibrio. Sólo entonces podrá ser la verdadera expresión de lo que Dios se propuso que usted fuera. Debe saber que sólo podrá cumplir el destino divino que Él escogió para usted aún antes de que estuviera en el vientre de su madre, cuando usted está íntegra, sana y libre. (Vea Salmo 139:13-16.)

Cuando usted pierde su equilibrio, eso la fuerza a autoexaminarse. La obliga a que eche una mirada más profunda a su vida. Las viejas creencias arraigadas tienen que ser desenterradas y desechadas si han contribuido al desequilibrio de su vida. Y, quizá, por primera vez la incredulidad es desafiada o reemplazada por una profunda fe en Dios.

Usted sigue necesitando cuidar de su cuerpo físico. Consagre tiempo de calidad a sus relaciones y enfóquese en todos los otros aspectos del equilibrio del cuerpo que necesitan atención como se discutió en los capítulos anteriores.

Parece haber dos grupos distintos de mujeres, *víctimas* y *sobrevivientes*. Ambos grupos pueden haber experimentado la misma cantidad de desilusión, aflicción y dolor en sus vidas, pero el modo en que ven sus experiencias es dramáticamente diferente. Una mujer en el papel de víctima está paralizada por el pasado y es incapaz de perdonar y avanzar. El equilibrio la elude. Por otra parte, una mujer que es una sobreviviente ha aprendido de su pasado, y lo usa para que la propulse y la inspire a hacer los cambios necesarios, según la sabiduría ganada y el crecimiento espiritual experimentado, para continuar adelante con la fe y la esperanza como compañeros de viaje.

Dar pasos para recobrar su equilibrio —cuerpo, mente y espíritu— la transformará, sobre todo cuando usted busca la transformación espiritual fortaleciendo su relación con Dios. Es una regeneración que sobrepasa la regeneración física ya mencionada en el capítulo uno. Esto es porque, como lo he declarado antes, somos seres espirituales que estamos teniendo una experiencia humana. La regeneración y restauración por la gracia de Dios son como una mujer yendo a su propia casa. Su espíritu la conoce. Ella se deleita en el consuelo que recibe del compañerismo con Dios.

Miles, si no millones, de mujeres norteamericanas ha perdido su equilibrio. Usted no es la primera. Ahora se está armando con las herramientas que necesita para recobrar una vida vibrante. ¿Se levantará y aceptará el desafío?

CAPÍTULO 12
EQUILIBRIO DE INMEDIATO

Usted ha llegado al fin de su viaje para equilibrar su cuerpo. Es mi oración que se sienta segura y armada con las herramientas y educación necesarias para experimentar una vida equilibrada.

LAS CLAVES DEL EQUILIBRIO

- *Conozca su cuerpo*: Infórmese sobre su actual estado de salud haciéndose un chequeo de los ocho sistemas.
- *Nutrición balanceada*: Nutra su cuerpo apropiadamente.
- *Vitaminas y suplementos*: Equilibre su sistema usando nutrientes específicos para la desintoxicación, equilibrio y fortalecimiento de su sistema.
- *Peso controlado*: Maneje el estrés al comer. Use las hierbas para quemar grasas, y coma con equilibrio. Cuide su salud tiroidea.
- *Hacer ejercicio*: Comprométase a realizar diariamente treinta minutos de ejercicio, incluyendo ejercicio aeróbico, ejercicios de resistencia y ejercicios de estiramiento.

- *Dormir:* Haga un esfuerzo consciente para evitar la deprivación de sueño. Es vital para su bienestar.
- *Belleza:* Cultive la belleza: cuerpo, mente y espíritu.
- *Antienvejecimiento*: Escoja adoptar una actitud positiva ante el proceso de envejecimiento. Realice chequeos de salud anuales, y tome suplementos antienvejecimiento.
- *Hormonas*: Cada año prevea pruebas para determinar su estado hormonal. Luego tome medidas para lograr el equilibrio.
- *Reducción del estrés*: Trate su salud emocional, y desarrolle una fuerte vida espiritual.
- *Relaciones*: Riegue todas sus relaciones. Perdone, confíe, y ame.

Como mujer, usted es bendecida con muchos hitos que son privativos de la feminidad. El nacimiento de un hijo; el día en que su hija da a luz, junto con la doble bendición de convertirse en abuela; la experiencia de la menopausia que da a luz sus años de mujer sabia; los cambios hormonales que le traen propósito, paz y la curación de sus pasados asuntos pendientes: todos son acontecimientos para ser celebrados y valorados. Pero usted sólo puede experimentar plenamente todos estos acontecimientos cuando su vida está en equilibrio.

¡El regalo más grande que puede darse a sí misma y a otros es una equilibrada USTED MISMA!

DESCARGO DE RESPONSABILIDAD

L a Dra. Maccaro está imposibilitada de tratar la situación médica de un paciente por teléfono, facsímil o e-mail. Por favor dirija las preguntas relacionadas con su situación médica a su proveedor de cuidados de salud.

L os siguientes libros y autores han jugado un papel deci-
sivo en brindar excelente información respecto a lo emocional, dietético y al estilo de vida relativo al enfermar y la
inquietud mental. Estas obras son inspiracionales y tendrán una
influencia profunda en su vida.

Airola, Paavo. *Every Woman's Book*. Arizona: Health Plus Publishers, 1979.

Foster, Helen. *The Beauty Book*. United Kingdom: Parragon Publishing, 2002.

The Lark Letter, Phillips Health LLC, 2003, featuring Susan Lark,
MD. To order the *Lark Letter*, call (877) 437-5275.

Lee, John R., MD, Jesse Hanley, MD, and Virginia Hopkins. *What
Your Doctor May Not Tell You About Premenopause*.New York:
Warner Books, 1999.

Maccaro, Janet, PhD, CNC. *Breaking the Grip of Dangerous
Emotions*. Lake Mary, FL: Siloam, 2001, 2005.

_____. *Midlife Meltdown*. Lake Mary, FL: Siloam, 2004.

_____. *Natural Health Remedies*. Lake Mary, FL: Siloam, 2003,
2006.

_____. *90-Day Immune System Makeover*. Lake Mary, FL:
Siloam, 2000, 2006.

Northrup, Christiane. *The Wisdom of Menopause*. New York, Bantam
Books, 2001.

Page, Linda, PhD. *Healthy Healing*. N.p.: Traditional Wisdom, Inc.,
2000.

Perricone, Nicholas, MD. *The Perricone Promise: Look Younger,
Live Longer in Three Easy Steps*. New York: Warner Books,
2004.

Reichman, Judith, MD. *Relax, This Won't Hurt*. New York: William
Morrow and Co., Inc., 2000.

Turner, Kevin Lane. *A Journey to the Other Side of Life*. N.p.: Ashley
Down Publishing Co., 1995.

Wilson, James L., ND, DC, PhD. *Adrenal Fatigue, the 21st Century
Stress Syndrome*. Petaluma, CA: Smart Publications, 2001.

NOTAS

INTRODUCCIÓN

1. Christiane Northrup, MD, *Mother-Daughter Wisdom* (New York: Bantam, 2005), back cover matter.

CAPÍTULO 1 • CONOZCA SU CUERPO

1. DicQie Fuller, PhD, DSc, *The Healing Power of Enzymes* (New York: Forbes, Inc., 1998), 118.
2. *Stop Improper Digestion, Renew Life*; 2076 Sunnydale Blvd, Clearwater, FL 33765.
3. "Gallbladder Disease," Merck Source Resource Library, http://www .mercksource.com/pp/us/cns/cns_hl_ adam.jspzQzpgzEzzSzppdocszSzuszSzcnsz SzcontentzSzadamzSzencyzSzarticlezSz001138zPz.htm (visitado el 27 de marzo de 2006).
4. "Migraine," National Headache Foundation, Educational Resources, http://www.headaches.org/consumer/ topicsheets/migraine.html (visitado el 27 de marzo de 2006)
5. "What Are High Blood Pressure and Prehypertension?" *Your Guide to Lowering Blood Pressure*, http://www. nhlbi.nih.gov/hbp/hbp/whathbp.htm (accessed March 27, 2006).
6. Linda Page, *Healthy Healing*, 11th ed. (N.p.: Traditional Wisdom, Inc., 2000), 324.
7. Janet Maccaro, *Natural Health Remedies* (Lake Mary, FL: Siloam, 2003, 2006), 114–115.
8. Adapted from Health Education AIDS Liaison, Toronto, "Steven James' Totally Subjective Nonscientific Guide to Illness and Health," Ten Step Programs, http://www.healtoronto.com/tenstep.html (accessed March 27, 2006), from *Surviving and Thriving With AIDS: Hints for the Newly Diagnosed*, copyright © 1987, People With AIDS Coalition, Inc.
9. Kevin Lane Turner, *A Journey to the Other Side of Life* (United Kingdom: Ashley Down Publishing Company, 1995).
10. Ibid.
11. Janet Maccaro, *Breaking the Grip of Dangerous Emotions* (Lake Mary, FL: Siloam, 2001, 2005), 131.
12. Irene S. Levine, "Antidepressants: Too Much of a Good Thing?" *USA Today*, http://www.usatoday.com/news/ health/2002-10-17-antidepressants_x.htm (accessed June 12, 2006).
13. Depresión, Preguntas frecuentes: "Does depression affect males, females, or both?" Athealth.com, http:// www.athealth.com/Consumer/disorders/Depression.html (visitado el 12 de junio de 2006).
14. Dick Tibbits, "Hypertension Reduction Through Forgiveness Training," ACPE Research Newsletters, http:// www.acperesearch.net/Winter02.html (visitado el 31 de marzo de 2006).
15. "The Numbers Count: Mental Disorders in America," National Institute of Health, rev. 2006, http://www. nimh.nih.gov/publicat/numbers.cfm#Dysthymic (visitado el 12 de junio de 2006).
16. James Allen, *As a Man Thinketh*, in *The Wisdom of James Allen*, five classic works combined into one (San Diego, CA: Laurel Creek Press, 1997), 38–39.
17. Dale A. Matthews, *The Faith Factor: Proof of the Healing Power of Prayer* (New York: Penguin, 1991), 109–110.
18. Ibid.

CAPÍTULO 2 • EQUILIBRIO NUTRICIONAL:CONSTRUYA EL BLOQUE 1

1. Susan Lark and James Richards, *The Chemistry of Success* (San Francisco, CA: Bay Books, 2000).
2. Janet Maccaro, *90-Day Immune System Makeover* (Lake Mary, FL: Siloam, 2000, 2006), 203–204.
3. Ibid., 205–206.
4. Para más información acerca del agua Penta, visite los estudios de la investigación en http://ww.pentawater. com/research.shtml.
5. Phyllis Balch, *Rx Prescription for Cooking & Dietary Wellness* (New York: PAB Books, Inc., 1992).
6. "Prevention Makes Common Cents," U.S. Department of Health and Human Services, http://aspe.hhs.gov/ health/prevention/index.shtml#DIABETES (visitado el 28 de marzo de 2006).
7. Linda L. Prout, *Live in the Balance: The Ground-Breaking East-West Nutrition Program* (New York: Marlowe and Company, 2000), 213.
8. Page, *Healthy Healing,* 11th ed., 170.
9. H. J. Roberts, *Aspartame: Is It Safe?* (Philadelphia, PA: Charles Press Publishers, 1990).
10. James Bowen, MD, "Aspartame Murders Infants, Violates Federal Genocide Law," http://www.wnho.net/ aspartame_murders_infants.htm (visitado el 28 de marzo de 2006).
11. Linda Page, *Healthy Healing*, 12th ed. (Del Ray Oaks, CA: Healthy Healing Publications, 2004), 152.
12. "Health Benefits of Stevia," http://reid_j.tripod.com/stevia.htm (visitado el 28 de marzo de 2006).
13. Esta sección sobre candida está adaptada de mi libro *Natural Health Remedies*, págs. 129–131.
14. William Crook, *The Yeast Connection* (London: Vintage, 1986).
15. Ibid.
16. Maccaro, *90-Day Immune System Makeover*, 103.
17. Phyllis Balch and James Balch, *Prescription for Nutritional Healing* (New York: Avery Publishing Group, 2000).

CAPÍTULO 3 • EL MUNDO DE LAS VITAMINAS Y SUPLEMENTOS: CONSTRUYA EL BLOQUE 2

1. *New Beauty*, Invierno/Primavera 2005, 38.
2. Robert Atkins, MD, *Dr. Atkins New Diet Revolution, revised and updated* (New York: M. Evans and Company, Inc., 1999), 76.
3. Christopher Hobbs, *Medicinal Mushrooms* (United Kingdom: Culinary Arts, Ltd., 1995).
4. *Energy Times*, November/December 1999; *Townsend Letter*, June 1998; Paul Stamets, *Growing Gourmet and Medicinal Mushrooms* (N.p.: Ten Speed Publishing, 1994).
5. Janet Maccaro, *Natural Health Remedies* (Lake Mary, FL: Siloam, 2003, 2006), 11–20.

CAPÍTULO 4 • PAUTAS PARA EL CONTROL DE PESO: CONSTRUYA EL BLOQUE 3

1. Taken from "Ten Steps to Healthy Weight," *Health Magazine*, January/February 1998.
2. *New Beauty*, Invierno/Primavera 2005, 38.
3. "The Hamilton Anxiety Scale (HAMA)," The Anxiety Community, http://www.anxietyhelp.org/information/hama.html (visitado el 31 de marzo de 2006).
4. "Conjugated Linoleic Acid Fights Cancer, Heart Disease, and More," *Life Enhancement*, http://www.life-enhancement.com/article_template.asp?ID=613 (visitado el 13 de junio de 2006).
5. Ibid.
6. Rena R. Wing and Robert W. Jeffery, "Benefits of Recruiting Participants With Friends and Increasing Social Support for Weight Loss and Maintenance," *Journal of Consulting and Clinical Psychology* 67 (Febrero de 1999): 132–138.
7. E. S. Epel, et al., "Stress and Body Shape: Stress-Induced Cortisol Secretion Is Consistently Greater Among Women With Central Fat," *Psychosomatic Medicine* 62 (September 2000): 623–632. Ver también Life Extension, Diciembre de 2005.

CAPÍTULO 5 • LA IMPORTANCIA DEL EJERCICIO: CONSTRUYA EL BLOQUE 4

1. Mike George, *Learn to Relax, a Practical Guide* (San Francisco: Chronicle Books, 1998), 62–63.
2. M. Haji Faraji and A. H. Jaji Tarkhani, "The Effect of Sour Tea (*Hibiscus sabdariffa*) on Essential Hypertension," *Journal of Ethnopharmacology* 65 (Junio de 1999): 231–236.
3. Christiane Northrup, MD, *The Wisdom of Menopause* (New York: Bantam Books, 2001), 396.
4. "Making Your Heart Rate Count," Jacki's Aerobic Programs SuperSite, http://www.jackis.com/Heart_Rates. htm (visitado el 14 de junio de 2006). Usado por cortesía de Jacki Sorensen's Aerobic Programs.
5. Fitness Tool: Target Heart Rate Calculator, http://www.mayoclinic.com/health/target-heart-rate/SM00083 (visitado el 14 de junio de 2006).
6. "Growing Stronger—Strength Training for Older Adults: Why Strength Training?" Division of Nutrition and Physical Activity, National Center for Disease Prevention and Health Promotion, http://www.cdc.gov/nccdphp/dnpa/physical/ growing_stronger/why.htm (visitado el 4 de abril de 2006).
7. The Exercise and Physical Fitness Page, Department of Kinesiology and Health, Georgia State University, http://www2.gsu.edu/~wwwfit/strength.html (visitado el 4 de abril de 2006).
8. The Major Muscle Groups, Strength Training Basics, http://www.primusweb .com/fitnesspartner/library/activity/trainbasics.htm (visitado el 4 de abril de 2006).
9. "Improve Your Flexibility With a Good Stretching Program," Stretching Basics, Sport Medicine, http://sportsmedicine.about.com/cs/flexibility/a/aa040703a .htm (visitado el 4 de abril de 2006).
10. Ibid.
11. Ibid.

CAPÍTULO 6 • SUEÑO: LA PAUSA QUE REFRESCA:CONSTRUYA EL BLOQUE 5

1. M. W. Johns, "A New Method for Measuring Daytime Sleepiness: The Epworth Sleepiness Scale," *Sleep* 14 (1991): 540–545. Copyright © M. W. Johns, 1990–1997. Reproducido con permiso.
2. "Symptoms of Sleep Deprivation," http://nurseweb.villanova.edu/womenwith disabilities/sleep/slpdep.htm (visitado el 29 de marzo de 2006).
3. "Good Sleep, Good Learning, Good Life," http://www.supermemo.com/articles/sleep.htm#Sleep%20deprivation%20in%20the%20society (visitado el 29 de marzo de 2006).
4. "Sleep Deprivation," Better Health Channel, http://www.betterhealth.vic.gov .au/bhcv2/bhcarticles.nsf/pages/Sleep_deprivation?OpenDocument (visitado el 29 de marzo de 2006).
5. E. U. Vorbach, R. Gortelmeyer, and J. Bruining, "Therapy for Insomnia: Efficacy and Tolerability of a Valerian Preparation, 600 mg of Valerian," *Psychopharmakotherapie* 3 (1996): 109–115.
6. Sally Squires, "Back to Basics," *Washington Post*, 25 de Septiembre de 2001, F1.

CAPÍTULO 7 • VERDADERA BELLEZA–NATURALMENTE: CONSTRUYA EL BLOQUE 6

1. "The Hazards of Smoking," Quit Smoking and Herbal Detox Program, TheHerbDoc.com, http://www.theherbdoc.com/programs/Smoking.htm (visitado el 15 de junio de 2006).
2. "Nicotinamide: Golden Thread in the Tapestry of Life," LifeEnhancement .com, http://www.life-enhancement.com/article_template.asp?ID=484 (visitado el 15 de junio de 2006).

3. Helen Foster, *The Complete Beauty Book* (United Kingdom: Parragon Publishing, 2002), 24; ver también *New Beauty*, Florida Edition, Verano/Otoño de 2005, 81.
4. Maccaro, *Natural Health Remedies*, 64.
5. Ibid., 25–26.
6. Adapted from Foster, *The Complete Beauty Book*, 189.
7. *New Beauty*, Invierno/Primavera 2005, 38.

CAPÍTULO 8 • UN PROTOCOLO ANTIENVEJECIMIENTO: CONSTRUYA EL BLOQUE 7

1. Louise Hawkley, investigadora científica senior del Center for Cognitive and Social Neuroscience at the University of Chicago, and John Cacioppo, the Tiffany y Margaret Blake Distinguished Service Professor in Psychology, citada en "Evidence Mounts of Dire Consequence of Loneliness for Older Americans," SeniorJournal.com, http://www.seniorjournal.com/NEWS/Aging/6-03-28 -EvidenceMounts.htm (visitado el 29 de marzo de 2006).
2. Ibid.
3. "Successful Aging is Simply 'Mind over Matter' Says New Study," Senior Journal.com, http://www.seniorjournal.com/NEWS/Aging/5-12-12 -AgingMindOverMatter.htm (visitado el 29 de marzo de 2006).
4. "People Age Better If Happy and Free of Negative Images of Aging," SeniorJournal.com, at http://www.seniorjournal.com/NEWS/Aging/4-09 -13HappyAging.htm (visitado el 29 de marzo de 2006).
5. This chart has been adapted from "Health Screenings for Women," Saint Joseph Regional Medical Center, Health Topics Library, http://healthlibrary.epnet .com/search.aspx?token=48ce1b7c-a108-4c7a-bdb9-14f3725ef0a9 (visitado el 6 de abril de 2006).
6. Shiow Wang, PhD, Plant Physiologist, USDA Agricultural Research Service, Beltsville, Maryland, http://www.ghorganics.com/Mexican%20Oregano%20Tops .htm (visitado el 29 de marzo de 2006).
7. *New Beauty*, Invierno/Primavera 2005, 38.
8. Janet Maccaro, *Midlife Meltdown* (Lake Mary, FL: Siloam, 2004), 40.
9. This antiaging protocol was adapted from: James F. Balch, MD, Mark Stengler, ND, IMPAKT, *Health/Delicious Living* magazine, 2004; and James F. Balch, MD, Mark Stengler, ND, *Prescription for Natural Cures* (New York: John Wiley and Sons, Inc., 2004).

CAPÍTULO 9 • ARMONIZAR NUESTRAS HORMONAS: CONSTRUYA EL BLOQUE 8

1. *New Beauty*, Invierno/Primavera 2005, 38.
2. Guy E. Abraham, MD, and Ruth E. Rumley, MD, "Role of Nutrition in Managing the Premenstrual Tension Syndromes," *Journal of Reproductive Medicine* 32(6) (Junio de 1987): visitado en http://www.mgwater.com/gapmts.shtml el 31 de marzo de 2006.
3. John R. Lee, MD, with Jesse Hanley and Virginia Hopkins, *What Your Doctor May Not Tell You About Premenopause* (New York: Warner Books, 1999), 60.
4. Ibid.
5. Ibid.
6. Eldred B. Taylor, MD, Medical Director, Department of Integrative Medicine, Dekalb Medical Center, Atlanta, Georgia, http://www.taylormedicalgroup.net.
7. Sylvia Wassertheil-Smoller, et al., "Effect of Estrogen Plus Progestin on Stroke in Postmenopausal Women: The Woman's Health Initiative: A Randomized Trial," *Journal of the American Medical Association* 289 (28 de mayo de 2003): 2673–2684.
8. D. C. Smith, et al., "Association of Exogenous Estrogen and Endometrial Carcinoma," *New England Journal of Medicine* 293(23) (1975): 1164–1167.
9. Collaborative Group on Hormonal Factors in Breast Cancer, "Breast Cancer and Hormone Replacement Therapy: Collaborative Reanalysis of Data From 51 Epidemiological Studies of 52,705 Women With Breast Cancer and 108,411 Women Without Breast Cancer," *Lancet* 350 (October 11, 1997): 1047–1059.
10. Catherine Schairer, et al., "Menopausal Estrogen and Estrogen-Progestin Replacement and Breast Cancer Risk," *Journal of the American Medical Association* 283 (26 de enero de 2000): 485–491.
11. "A Review of the Effectiveness of *Cimicifuga Racemosa* (Black Cohosh) for the Symptoms of Menopause," *Journal of Women's Health* 7 (Junio de 1998): 525–529. Ver también A. Petho, "28 Women Were Able to Make the Switch in a Clinical Study to Black Cohosh Without Being Given Additional Hormones," y "Menopausal Complaints: Changeover of a Hormone Treatment to an Herbal Gynecological Remedy Practicable?" *Arzliche Praxis* 38 (1987): 1551–1553.
12. Don Gambrell, R. C. Maier, and R. Sanders, "Decreased Incidence of Breast Cancer in Postmenopausal Estrogen-Progesterone Users," *O. B. Gynecol* 62 (1983): 435–443. Ver también: "Osteoporosis: Osteoporosis Renewal: The Role of Progesterone," *Int. Clin. Nutr.* 10 (1990): 384–391. Ver también: O. Picazo and A. Fernandez-Guasti, "Anti-Anxiety Effects of Progesterone and Some of Its Reduced Metabolites. An Evaluation Using the Burying Behavior Test," *Byain Res.* 680 (1995): 13541. Ver también: J. C. Prior, "Bone Loss: Progesterone as a Bone Trophic Hormone," *Endocrine Revs.* 11 (1990): 306–308.

CAPÍTULO 10 • REDUCIR EL ESTRÉS: CONSTRUYA EL BLOQUE 9

1. "Health Reports: Stress and Chronic Conditions, Excess Weight and Arthritis," *The Daily*, January 21, 2004, http://www.statcan.ca/Daily/English/040121/d040121b.htm (accessed March 29, 2006).
2. Ibid.

3. Este inventario y plan de ataque fueron adaptados de J. Coudert, Advice From a Failure (New York: Stein and Day, 1983); M. Beattie, *The Language of Letting Go* (New York: Harper Collins, 1990), 84; and J. D. Quick and R. Horn, "Health Consequences of Stress," Special Issue, *Journal of Organizational Behavior Management* 8 (1986): 19–36.

4. Desarrollado por Mary A. Fristad, PhD, Psychologist, Director of Research and Psychological Services en la Division of Child and Adolescent Psychiatry del Centro Médico de la Universidad Estatal de Ohio. E-mail address: fristad.1@osu.edu, accedido en http://faculty.psy.ohio-state.edu/1/fristad/ on March 31, 2006.

5. *Natural Health*, November/December 1998, 168–172.

6. Ray Sahelian, MD, *5-HTP: Nature's Serotonin Solution* (New York: Avery Publishing Group, 1998).

7. Maccaro, *Midlife Meltdown*, 135–136.

8. *New Beauty*, Invierno/Primavera 2005, 38.

9. "Adrenal Function and Ascorbic Acid Concentrations in Elderly Women," *Gerontology* (Switzerland) 24(6) (1978): 473–476.

10. J. R. Thomas, et al., "Tyrosine Improves Working Memory in a Multitasking Environment," *Pharmacol, Biochem*. Behav. 64 (Noviembre de 1999): 495–500.

11. R. Bernardine and L. DeAmbrosi, "Pharmacodynamic Properties of Adrenal Cortical Extracts in Comparison to Synthetic Corticosteriod Mixture in the Rat," *Arch. Int. Pharmacodyn. Ther*. 276 (Agosto de 1985).

CAPÍTULO 11 • LAS RELACIONES DE UNA MUJER: CONSTRUYA EL BLOQUE 10

1. Douglas Weiss, *Intimacy—the 100 Day Guide to Lasting Relationships* (Lake Mary, FL: Siloam, 2001, 2003), 2.

2. William J. Cromie, "Of Hugs and Hormones," *Harvard University Gazette*, http://www.news.harvard.edu/gazette/1998/06.11/OfHugsandHormon.html (accedido el 30 de marzo de 2006).

3. Ibid.

4. Weiss, *Intimacy*, 30.

5. Ibid., 17.

6. Edward M. Hallowell, MD, *Connect: 12 Vital Ties That Open Your Heart, Lengthen Your Life, and Deepen Your Soul* (New York: Pantheon, 1999).

7. Ibid.

8. Hara Estroff Marano, "Friends for Life," *American Health*, February 1999, 55–56.

9. Linda C. Grenz and Delbert D. Glover, *The Marriage Journey* (Boston, MA: Cowley Publications, 1996).

10. T. D. Jakes, *The Lady, Her Lover, and Her Lord* (New York: Putnam Adult, 1998), 204.

11. Ibid.

12. "Depression," LifeExtension.org, http://www.lef.org/protocols/prtcls-txt/t-prtcl-040.html (accessed June 16, 2006), citing Bukreev, 1978; Carney, et al., 1990; Carney, 1995; Fujii, et al., 1996; Masuda, et al., 1998; Bottiglieri, et al., 2000; Zhao, et al., 2001.

13. Dale A. Matthews, MD, *The Faith Factor: Proof of the Healing Power of Prayer* (New York: Viking Penguin, 1998).

Visite el sitio web de la Dra. Janet

En www.drJanetPhd.com
o llame al 800.231.8485
(en los Estados Unidos) para ordenar

Los productos naturalmente equilibrados de la Dra. Janet, incluyendo:

- Dr. Janet's Woman's Balance Formula

- Dr. Janet's Skin Cream

- Dr. Janet's Glucosamine Cream

- Dr. Janet's Beach Buffer

- Dr. Janet's Coconut Dream

- Dr. Janet's Safe Passage (formula para la menopausia)

- Dr. Janet's Tranquility (formula para el estrés)

Todos los demás productos mencionados en este libro pueden encontrarse en su almacén local de alimentos saludables.